# L'ART

## D'ACCOMMODER LES RESTES

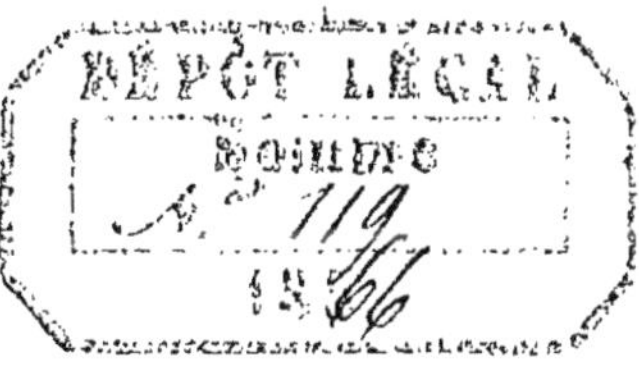


# L'ART

D'ACCOMMODER

# LES RESTES

DÉDIÉ AUX PETITES FORTUNES

PAR UN

GASTRONOME ÉMÉRITE

xperto crede Roberto

PARIS
ACHILLE FAURE, LIBRAIRE-ÉDITEUR
23, Boulevard Saint-Martin, 23
1866

ABBEVILLE. — IMP. P. BRIEZ.

# A MES LECTEURS

Parmi les mots fréquemment employés dans un sens tout-à-fait différent de leur véritable signification, tels que : *incessamment, compendieusement, de suite,* etc., etc., il en est un qui, depuis quelque temps, se reproduit souvent sous la plume des littérateurs ayant la difficile mission de distribuer le blâme ou la louange, qui tiennent le fouet de la critique et qui, par conséquent, devraient se montrer les gardiens vigilants de la pureté de notre belle langue française loin de s'en faire, par inadvertance sans doute, les corrupteurs. Qu'ils me pardonnent ce mot sévère que m'inspirent leur position officielle et l'influence que peut avoir leur exemple. En effet, les revues, les journaux réunissent une clientèle immense composée de toutes les classes de la société européenne, et lorsque ces nombreux lecteurs trouvent dans les feuilletons des journaux, dans des articles de revues les plus accrédités, le mot *émérite* employé comme synonyme de *éminent*, ne se croiront-ils pas autorisés à penser que c'est une acception admise et à l'employer dans le même sens, sans se douter qu'ils disent précisément le contraire de ce qu'ils veulent exprimer. C'est ainsi que naguère, un feuilleton célébrant le succès obtenu par une jeune et jolie pensionnaire de l'académie impériale de musique, la désignait ainsi : *notre danseuse émérite*, ce qui, en bon français, signifiait qu'elle était vieille, usée, hors dé service et jouissait probablement de sa pension de retraite. *(Emeritum tempus suum habere, Cic.)*

Certes je n'aurais pas à propos d'un ouvrage sur la cuisine, hasardé cette remarque philologique, si je n'y avais été forcé. J'ai signé mon livre un *gastronome émérite*. Je prie donc mes lecteurs de ne pas croire que j'aie eu l'orgueil de me qualifier de *gastronome éminent*, mais que c'est au contraire avec un sentiment d'humilité et de regret que je me dis : *gastronome émérite*, c'est-à-dire, en non activité... faute d'argent.

L'Auteur.

# PRÉFACE

Brillat-Savarin a posé cet aphorisme : *Les animaux se repaissent ; l'homme mange ; l'homme d'esprit seul sait manger.* Peut être vais-je être taxé de présomption, et cependant pour donner de l'autorité aux prescriptions que j'ai édictées dans ce petit ouvrage, je dois dire à mes lecteurs que je me crois quelques droits à être classé parmi ces hommes intelligents, utiles et progressifs qui s'honorent du titre de gastronômes. Professant en cuisine un ecclectisme éclairé, je n'ai jamais recherché la réputation de *redoutable fourchette,* doué cependant d'un appétit assez vigoureux, j'ai trouvé dans un excellent estomac un serviteur fidèle qui ne m'a jamais fait défaut, reconnaissant sans doute de ce que je ne lui donnais qu'un travail agréable, qu'il n'était jamais surmené et que lorsque ses fonctions devaient être un peu laborieuses j'avais soin d'exciter et de remunérer son activité par quelques boissons généreuses.

J'avais eu la bonne fortune de m'attacher une cuisinière éminente, comprenant parfaitement toute l'importance de ses fonctions, douée des plus heureuses dispositions et cherchant constamment à se perfectionner dans l'art quelle cultivait avec succès. Ce n'est par elle qui aurait proféré cette phrase qui caractérise si bien la généralité des maritornes qui déshonorent nos cuisines et qu'un vaudevilliste a placée dans la bouche d'une bonne près de servir à ses maîtres un poulet carbonisé : « *S'ils n'sont pas contents, ils l'aisront* ». Non, elle se savait appréciée par moi et par les quelques amis dignes d'être admis à mes petits dîners fins du mardi, dont je rédigeais avec elle le menu. Parfois, lorsqu'elle m'avait ménagé quelqu'agréable surprise, quelle avait procuré à mes convives quelque jouissance inattendue, je la faisais venir au dessert pour recevoir nos félicitations et vider avec nous un verre de Malaga que nous buvions à sa santé. Ces petites ovations la remplissaient d'un légitime orgueil, et redoublaient son zèle plus que n'aurait pu le faire une gratification ou une augmentation aux gages assez ronds dont je rémunérais ses talents. Elle cultivait l'art pour l'art; de tristes circonstances, hélas! m'en ont donné une preuve touchante.

Les révolutions ont peut-être du bon, — je n'ai pas eu lieu de m'en assurer — mais à coup sûr, elles amènent de nombreux déplacements de fortune. Je ne sais dans quelles mains s'est disséminée la mienne, mais déjà considérablement amoindrie par les glorieuses journées de 1830, le nouveau drainage opéré par la non moins glorieuse révolution de 1848, joint à quelques petites dépenses publiques nécessitées par de glorieuses journées — d'une toute autre catégorie et inscrites dans nos fastes militaires — m'ont prouvé que le mot célèbre; « *La France est assez riche pour payer sa gloire*, » pouvait être, pour quelques bourses particulières une contre-vérité. Bref, il le fut pour moi, et je dus entrer résolument dans la voie des réformes somptuaires. La première, la plus importante, la plus douloureuse, devait être celle de ma table; j'allais donc, au déclin de ma vie, être frustré du plaisir dont le judicieux et aimable professeur déjà cité a dit :

*Le plaisir de la table est de tous les âges, de toutes les conditions de tous les pays, de tous les jours, il peut s'associer à tous les autres plaisirs, et reste le dernier pour nous consoler de leur perte.*

*Res angustæ domi !* Il me fallait congédier Françoise ! Françoise à qui, depuis 20 ans, j'étais redevable de si douces jouissances, de tant de considération, de tant d'amitiés, — qui peut-être, allaient mourir... faute d'aliments. Ce fut avec un véritable sentiment de chagrin que je m'éveillai, le jour où je dus annoncer à Françoise que nous allions nous séparer ; car indépendamment de la perte que j'allais faire, j'étais certain de causer une vive douleur à l'excellente fille ; mais comme aurait dit Odry : *Il le fallait !*

Le tonnerre tombant dans sa cuisine, renversant son pot au feu, carbonisant son rôti et faisant tourner sa sauce, un jour de gala, ne l'eût pas frappée d'une stupéfaction plus grande que celle qui la métamorphosa en statue, lorsque, sans en dissimuler les motifs, ni les regrets qu'elle m'inspirait, je lui communiquai la résolution que j'avais dû prendre.

Lorsqu'elle recouvra l'usage de la parole, elle ne pût d'abord proférer que des exclamations incohérentes : Ah mon Dieu ! c'est y possible ?... Monsieur me renvoie... où irai-je maintenant?

Mais bientôt ses idées prirent un autre cours : « Puisque Monsieur a éprouvé des revers de fortune, je conçois qu'il veuille faire des économies. Monsieur m'a toujours donné de gros gages que j'ai laissés entre ses mains et qu'il a bien voulu placer avantageusement, puisqu'il me disait dernièrement que, lorsque je voudrais quitter le service j'aurais une petite rente suffisante pour me faire vivre au pays. Monsieur ne pourra pas se passer d'une bonne, eh bien ! qu'il me donne seulement les petits gages qu'il donnerait à une jeunesse, et je serai bien contente de continuer à servir Monsieur.

O Françoise ! tu joignais au désintéressement d'une véritable artiste, le dévouement phénoménal de nos jours, d'un serviteur attaché à son maître ! J'avoue que ma poitrine se gonfla, que mes yeux s'humidifièrent et comme on a généralement la sottise d'être honteux des sentiments les plus naturels et les plus honorables, je fus pris subitement d'une violente envie de tousser et de me moucher.

On se doute bien que je refusai l'offre de Françoise; car m'eût-elle consacré ses talents culinaires sans rémunération, elle n'aurait jamais pu se résoudre à faire de la cuisine économique, renoncer à me faire de *bons petits plats* ; elle ne m'aurait trouvé que trop disposé à être son complice et mon programme de réforme eût été, comme tant d'autres, lettre morte. Je connaissais ses séductions et ma faiblesse ; je maintins ma décision. Françoise partit pour son pays. J'ai appris avec plaisir qu'elle servait chez un curé et qu'ils étaient fort contents l'un de l'autre.

Le sacrifice irrévocablement consommé, je dus m'occuper du remplacement de Françoise. Ce n'était pas sans inquiétudes, sans angoisses que j'allais confier le soin de mon bien-être, de mes plaisirs, de ma santé, à l'une de ces profanes qui, usurpant le titre de cuisinière se présentent effrontément comme sachant faire une *cuisine bourgeoise*, ce qui, pour la plupart, signifie un bouillon incolore et insipide, un rôti cru ou desséché, une friture pâle, flasque, dégoûtante de graisse et de fumée.

Je résolus d'échapper à cet empoisonnement quotidien, j'avais souvent confabulé avec Françoise, soit pour dresser un menu, soit pour lui indiquer un solécisme culinaire soit pour connaître le secret d'une combinaison que le cénacle du mardi avait glorifié et j'étais en état d'apprécier les résultats variés qui s'obtiennent par l'emploi de substances, de condiments que la civilisation a mis à la disposition des adeptes. Au lieu de lutter contre la paresse, l'entêtement de quelque routinière, je résolus de former une élève. Je fis venir de la campagne une jeune fille proprette, pleine de bonne volonté, et dont toute la science consistait à faire cuire des œufs à la coque et des omelettes mœlleuses et dorées. Il s'agissait moins de faire de la cuisine transcendante que de varier autant que possible le petit nombre de plats que j'allais désormais voir apparaître sur ma table, et surtout de masquer habilement les restes d'un mets déjà servi, de manière à tromper autant que possible l'appareil dégustateur et à lui faire accueillir avec faveur ce qui autrement n'eût éveillé chez lui aucune sympathie.

L'intelligence de ma nouvelle bonne a répondu à mes soins et c'est le résultat de nos expériences que j'offre aujourd'hui à ceux qui, possédant une étincelle du feu sacré, *savent manger* ; qui ne se mettent pas à table uniquement parce que l'heure du dîner a sonné et qu'il faut manger pour vivre ; qui ne regardent pas les repas comme les heures d'un travail obligé, ne mettent pas sur ce même niveau tout ce qui peut les nourrir, et sont à table comme l'huître sur son banc ; à ceux enfin à qui il ne manque qu'une fortune suffisante pour être gastronomes, comme un financier ou un médecin.

# L'ART
## D'ACCOMMODER LES RESTES

### QUELQUES CONSIDÉRATIONS HYGIÉNIQUES

—

Cet aphorisme de Brillat-Savarin :

« *L'homme d'esprit seul sait manger,* »

ne s'appliquait dans son esprit qu'aux jouissances que peut procurer l'art culinaire aux palais délicats.

Nous croyons qu'il peut en être fait une application très-juste et très-salutaire au point de vue hygiénique.

On doit apporter certainement un grand soin à là

composition d'un menu pour y inscrire les mets préférés par les convives dont on recherche les éloges, et qui veulent bien vous confier le soin de leur bien être pendant une couple d'heure ; mais on ne saurait mettre moins d'attention, au choix des mets lorsqu'il s'agit de la diète quotidienne ou lorsqu'une invitation qui réveille en vous les souvenirs les plus flatteurs pour l'amphytrion, vous conduit dans une maison où la diversité des plats et leurs séduisantes préparations ne vous laissent que l'embarras du choix.

On sait généralement que tel aliment est échauffant ou rafraîchissant, d'une digestion lente ou facile ; on reproche même aux français de faire preuve à table d'une érudition fort inopportune puisqu'elle vient mêler aux plaisirs de savourer les mets qui sont offerts l'idée maussade des indispositions qu'ils peuvent provoquer.

Ces théories hygiéniques, incomplètes, inexactes, sont en effet assez souvent mises en avant dans les dîners de la petite bourgeoisie.

« Boire un verre de vin frais après le potage, » dira M. Prudhomme, « c'est voler trois francs au médecin. »

« Oui, mais c'est les mettre plus tard dans la poche du dentiste, » réplique un convive. Et toute la table d'applaudir à cette répartie spirituelle.

Moi-même, me trouvant à un excellent diner où figurait deux convives, un couple qui bien que gourmand, était forcé par l'exiguité de son budjet de vivre économiquement et qui s'en dédommageait lorsqu'il trouvait une franche lippée — je fus témoin de la scène suivante.

Les convives sont nombreux ; les époux quoique séparés par la longueur de la table s'observent mutuellement.

LA DAME *(voyant les tranches d'un énorme melon s'accumuler sur l'assiette de son mari)*

« Mon ami, tu manges beaucoup de melon. Tu sais qu'il ne te réussit pas toujours ; c'est imprudent, surtout dans un temps de choléra. »

Ce mot de choléra parut une horrible dissonnance au milieu des éloges qu'avait excités le parfum d'un délicieux Prescott.[1]

Deux minutes après.

[1] Le Prescott est le meilleur du genre cantaloup.

LE MARI *(voyant sa femme user immodérément d'un énorme homard et voulant prendre sa revanche)*

« Ma bonne amie, le homard est d'une digestion difficile, c'est le troisième assaut que tu lui livres et tu sais comme tu as été malade la dernière fois que tu en as mangé. »

Plus tard un cuissot de chevreuil excita tellement l'enthousiasme du mari qu'on se hâta de lui en offrir de nouveau, offre qu'il accepta en rougissant de plaisir, et un peu aussi de confusion.

LA DAME *(souriant du bout des lèvres)*

« Allons, M. Sagepeu, je prévois qu'il faudra que je te fasse du thé toute la nuit, comme dernièrement. »

M. SAGEPEU

« Bah! ce chevreuil est si tendre qu'il ne peut peser sur l'estomac. Une bonne tasse de café et il n'y paraîtra pas. »

Et tous deux ainsi pendant le cours du dîner continuèrent leurs objurgations réciproques, dont l'acrimonie toujours croissante me fit craindre un instant que, pour justifier leurs remontrances, ils ne nous initiassent aux conséquences de leur intempérance fortuite.

Mais sans imiter ces ridicules, sans prodiguer aux autres vos préceptes d'hygiène, ne laissez pas, pour votre propre compte, d'en observer certaines règles.

Vous désirez vivre longtemps et par conséquent conserver jusqu'à l'extrême vieillesse un estomac qui vous permette *la seule jouissance qui nous console de la perte de tous les autres.* Rappellez-vous donc que l'alimentation doit être généralement subordonnée, à la contrée que vous habitez, aux conditions de climat, de saison, à celles du sexe, de l'âge, du tempérament et des occupations de chacun.

Remarquez que chaque peuple a adopté, comme par intuition, le régime qui convenait le mieux au pays qu'il habitait, régime que l'expérience et la science ont confirmé, et que pour quelques-uns, comme pour ceux des latitudes extrêmes, Dieu a mis précisément à leur portée les moyens de subsistance les plus appropriés au climat sous lequel ils vivent.

Si vous allez sous l'équateur, votre diète doit être tout à fait différente de celle que vous devez adopter dens les régions polaires. Sans même sortir de votre pays vous devez modifier votre régime si vous quittez Dunkerque pour aller vivre à Perpignan et à Toulouse et lorsque les froids de l'hiver succéderont aux chaleurs de l'été et de l'automne.

Notre alimentation doit répondre à deux besoins : entretenir la chaleur normale du corps (37° à peu près) pour conserver son énergie et son activité, réparer les brèches faites à notre organisme par les déperditions que peuvent occasionner les travaux, les exercices violents, les courses, etc.

Eh bien ! parmi les aliments et les boissons qui composent la nourriture des divers peuples ces deux besoins essentiels d'une bonne santé normale trouvent leur satisfaction si nous savons choisir avec discernement.

Sans entrer dans des détails que ce petit ouvrage ne comporte pas, nous dirons aux habitants des régions tempérées : vous êtes dans les conditions les plus favorables, usez de tout, seulement avec mdération. Si vous vous livrez à des travaux actifs, fatigants, prenez des aliments qui réparent les bréches faites à l'organisme, les viandes brunes, le gibier, les substances azotées ou albumineuses, le lait, le fromage, le pain plus en croute qu'en mie.

Si au contraire, vous dépensez peu de force musculaire et que vous soyez plutôt livré à des travaux intellectuels, gardez-vous d'absorber trop d'aliments *nourrissants*, sous peine de devenir lourds, pléthoriques, obèses; préférez les viandes blanches, les fécules, les substances légères et sucrées.

Quant aux modifications que doivent provoquer les saisons, suivez, mais avec prudence, les indications que vous fournit la nature par les productions qu'elle vous offre.

Moins de viandes au printemps et pendant l'été ; mais des légumes frais, des fruits, etc.

L'hiver demande l'usage des condiments, des substances et des boissons qui réchauffent le sang et stimulent l'organisme, les viandes, les substances grasses, les vins généreux et les boissons alcooliques.

L'homme du mid doit être tempérant.

L'homme du nord au contraire, adoptera une alimentation habituelle, analogue à celle que nous recommandons pour la saison d'hiver dans les climats tempérés

(Voir à l'appendice le calendrier culinaire).

# OBSERVATIONS GÉNÉRALES

—

### 1. Acreté des légumes

On fait souvent blanchir certaines légumes tels que les choux, les choux de Bruxelles etc. et pour quelques autres on en masque l'acreté par l'accommodement. On peut remédier à tout en mettant dans l'eau où ils cuisent un morceau de mie de pain enveloppé dans un linge bien fin. Après qu'ils ont bouilli un quart d'heure, retirez ce nouet, il aura emporté toute mauvaise saveur, Si vous ouvrez un nouet qui a bouilli avec des haricots secs vous sentirez que la mie de pain a acquis une odeur fétide.

### 2. Assaisonnements

Lorsque plusieurs articles doivent entrer dans la même préparation, tels que champignons, petits oignons, etc. il faut avoir soin de ne les mettre que successivement selon qu'ils sont plus ou moins longs à cuire.

Pour simplifier vos préparations, lorsqu'elles exigeront, beurre d'anchois, champignons hachés, filet de vinaigre, etc. ayez recours aux produits de M. Osborn qui vous épargneront des manipulations longues quelquefois difficiles et en réalité plus coûteuses. (*Voy. Sauces anglaises page* 71.)

### 3. Beurre ou graisse

On peut souvent, par économie, dans les préparations qui ne doivent pas être essentiellement blanches ou maigres, substituer la graisse au beurre. On sait que celle de bœuf et de pot au feu sont les meilleures pour la friture comme pour la cuisine. Il faut faire cuire cette dernière à un feu doux, en y ajoutant un oignon coupé en tranches, ou bien une gousse d'ail ou une feuille de laurier que vous laissez dedans quand vous la faite refroidir. Ne laissez pas roussir, et écumez soigneusement, quand elle est bien purifiée, passez-là à travers un linge en tordant vigoureusement.

Lorsque vous employez le beurre, prenez toujours celui d'une qualité supérieure et qu'il soit très-frais; d'abord il y a réellement économie, et les préparations sont bien meilleures surtout celles au blanc.

### 4. Citron

Ne pressez jamais directement le citron dans le mets que vous préparez, mais dans une tasse. Il pourrait tomber dans votre plat des pépins qui, en y séjournant, lui communiquerait de l'âcreté.

Dans les préparations au roux, on peut y substituer un filet de vinaigre au jus de citron.

Quant au jus de citron, ( *Voy.* aux remarques les mots *assaisonnements.* )

### 5. Couvercles à rebords

Il est indispensable d'avoir des couvercles qui ferment hermétiquement certaines casseroles dans lesquelles on veut faire cuire des viandes à l'étouffé, en daube, ou les faire suer. Il faut en outre avoir des couvercles à rebords en tôle qui s'adaptent sur des casseroles ou des plats allant au feu ; on peut mettre dessus des charbons ou de la braise bien allumés, et l'on remplace ainsi le four de campagne.

### 6. Cuisson des légumes secs

Il faut toujours les mettre à l'eau froide. Il est mieux de les faire tremper dès la veille. On jette cette première eau.

### 7. Fromage

Le fromage de Gruyère ou d'Auvergne rapé s'allie à presque tous les potages, ainsi donc on pourra en utiliser les restes, et servir ce fromage rapé dans une assiette en même temps que le potage.

### 8. Lait

Lorsque vous devez faire bouillir du lait, il sera bon de passer un peu d'eau froide dans la casserole qu'on n'essuiera pas après avoir jeté l'eau. La couche d'humidité qui reste au fond de la casserole empêchera le lait de s'attacher et de gratiner.

### 9. Ognons

Lorsque vous devrez employer des ognons émincés ou coupés en tranches, il est bon de supprimer les têtes et les queues pour en diminuer l'acreté.

On ne peut le faire si ce sont des petits ognons qui doivent figurer entiers.

### 10. Réchauffer

La meilleure manière de réchauffer les viandes rôties, c'est de les envelopper de papiers beurré et de les embrocher de nouveau. Si le morceau est trop petit, faites en une papillote que vous mettez sur le gril.

Si vous mettez réchauffer par tranches dans une sauce, ne les laissez jamais bouillir.

### 11. Sauces

N'oubliez pas, lorsque vous faites une sauce à froid dans laquelle vous voulez incorporer de l'huile, qu'il faut la verser peu à peu, en tournant constamment.

### 12. Sel

C'est une erreur de croire que le sel gris ait plus de principe salé que le sel raffiné. Il contient beaucoup d'impuretés et se prête bien mieux aux falsications.

### 13. Tamis

Beaucoup de jus, de coulis, ont besoin d'être passés au tamis. Préférez *les tamis en toiles métalliques* aux tamis en crin. Ils sont bien plus facile à tenir parfaitement nets et ne conservent aucun goût; on peut les avoir aussi fins qu'on le désire.

N. B. Les accidents occasionnés par les ustensiles de cuivre qu'une servante peu soigneuse peut laisser oxider, sont assez fréquents pour que nous engagions nos lectrices à préférer, dans leurs nouveaux achats, les vases de fer battu, en fonte épurée ou émaillée.

# VOCABULAIRE DE TERMES EMPLOYÉS EN CUISINE

---

### 14. Aiguillettes ou filets

Morceaux longs et minces qu'on enlève sur l'estomac des volailles ou qu'on découpe dans certains morceaux de viande le long de l'épine dorsale.

### 15. Aromates

Substances végétales douées d'une saveur et d'une ordeur très fortes, telles que thym, laurier, estragon, anis, safran.

### 16. Barde

Tranches de lard dont on enveloppe quelquefois les volailles que l'on fait rôtir ou qu'on place au fond des vases dans lesquels l'on prépare certains mets.

### 17. Blanchir

Faire passer dans l'eau bouillante des viandes, poissons, légumes dont on veut enlever l'acreté.

### 18. Bouquet

Herbes fines liées en bouquet qu'on met dans les sauces et dans diverses préparations pour en relever le goût. Un bouquet garni se compose de persil, de thym, de ciboules et d'une feuille de laurier.

On doit toujours retirer le bouquet avant de servir.

### 19. Braise braiser

C'est faire cuire pendant plusieurs heures, sur un feu doux et dans un vase bien clos, une viande qu'on accompagne de bardes de lard, d'ingrédients aromatiques et de racines comme pour un pot au feu, avec vin blanc, eau-de-vie, rhum, madère, eau ou bouillon, suivant le résultat auquel on veut arriver. Empêcher toute évaporation.

### 20. Ciseler

Faire des incisions plus ou moins grandes sur des poissons qu'on fait griller, ou sur les bords de quelques viandes.

### 21. Condiments

Assaisonnements de haut goût tels que poivre, muscade, ail, etc.

**22. Crouton**

Mie de pain qu'on taille en dés, en tranches, en crêtes de coq et qu'on fait frire dans du beurre pour orner certains plats.

**23. Cuisson**

Se dit souvent du liquide et des ingrédients dans lesquels on a fait cuire une viande.

**24. Décoction**

Faire bouillir une plante, une fleur, etc. Lorsqu'on veut faire une infusion on se contente de verser de l'eau bouillante sur la substance dont on veut extraire l'arôme ou le principe. On peut faire des infusions à froid, mais alors il faut que la substance séjourne dans l'eau ou dans l'alcool.

### 25. Dégraisser

Pour dégraisser une sauce retirez la du feu, versez y très peu d'eau froide, la graisse surnagera.

### 26. Dorer

C'est badigeonner légèrement une patisserie ou un mets solide avec une barbe de plume trempée dans des œufs battus.

### 27. Echauder

Tremper dans l'eau très-chaude l'animal dont on veut enlever le poil ou la plume.

### 28. Emincer

Couper des viandes ou des légumes en tranches très-minces.

### 29. Escalopes

Tranches rondes plus petites que l'émincé, qu'on dispose en rond ou autour un plat, l'une empiétant sur l'autre comme les tuiles d'un toit.

### 30. Etouffer

Faire cuire dans un vase qu'on recouvre d'abord d'un rond de papier et dont le couvert ferme hermétiquement.

### 31. Filets

Voyez aiguillettes.

### 32. Flamber

Après avoir plumé une volaille ou un gibier à plumes, le passer à la flamme pour brûler le duvet.

### 33. Foncer

Mettre au fond d'une casserole, d'une marmite, des tranches de lard, de jambon, de veau, etc.

### 34. Glace

Jus ou coulis qu'on a fait réduire et épaissir de manière qu'il forme une gelée en refroidissant.

### 35. Glacer

C'est avec un pinceau ou une plume, étendre la glace sur les viandes volailles, et autres mets lorsqu'ils sont chauds et au moment de servir.

### 36. Gratiner

Faire cuivre avec feu dessous et dessus de manière a recouvrir le mets d'une croute de belle couleur.

### 37. Limoner

C'est gràtter avec un couteau l'extérieur des poissons qu'on aura plongés dans l'eau très-chaude.

### 38. Mariner

C'est laisser une viande pendant quelques heures ou même pendant quelques jours dans une marinade.

### 39. Masquer

Lorsqu'un plat est dressé, verser une sauce dessus.

### 40. Mijoter

Faire cuire à petit feu et lentement ; *mitonner* c'est faire bouillir lentement et longtemps.

### 41. Mouiller

Ajouter à un mets qui cuit de l'eau, du bouillon, du vin, ou tout autre liquide indiqué.

### 42. Neige

Œufs battus jusqu'à ce qu'ils représentent des flocons de neige.

### 43. Paner

Saupoudrer de chapelure ou de mie de pain.

### 44. Parer

Oter les parties tendineuses, les peaux et les graisses inutiles et donner à un morceau la forme la plus agréable.

### 45. Passer ou faire revenir

Faire faire à une viande ou à des légumes quelques tours de casserole avec du beurre, de la graisse ou de l'huile, sur un bon feu.

### 46. Piquer ou larder

Pour chaque morceau on indique généralement si les lardons doivent être gros ou petits et s'ils doivent traverser la viande ou glisser seulement sous la surface, les deux extrémités des lardons doivent toujours paraître.

### 47. Pocher

Casser des œufs dans de l'eau bouillante ou y jeter des quenelles.

### 47 bis. Puits

Trou cylindrique qu'on fait dans de la mie de pain, dans une pâte et dans lequel on verse une garniture, un ragoût.

### 48. Quenelles

Boulettes faites avec de la viande de boucherie, de la volaille ou de la chair de poisson hachées.

### 49. Rissoler

Exposer à un feu vif, pour que la peau prenne une belle couleur et devienne croquante.

### 50. Sauter

Faire cuire à grand feu dans une casserole ou une poèle, en ayant soin de faire sauter de temps en temps.

### 51. Tourner

Tourner constamment avec une cuillère une sauce, pour éviter quelle devienne grumeleuse.

# INGRÉDIENTS ET SUBSTANCES QU'IL EST BON D'AVOIR A L'AVANCE

## 52. Anchois

Pour s'éviter la peine de nettoyer les anchois de leur saumure, d'enlever les arêtes, etc., on achète, pour être servis en hors d'œuvre des anchois conservés dans l'huile ; mais lorsqu'ils doivent simplement donner du goût à une sauce, servir à une préparation avec d'autres condiments, on abrégera beaucoup de temps et de soins en se servant de la sauce ou de la pâte d'anchois (*Voy. page* 73).

### 53. Basilic

S'emploie dans les marinades et dans quelques préparations de haut goût.

### 54. Chapelure

Se trouve chez tous les boulangers.

### 55. Conserves

Au vinaigre, cornichons, petits ognons, fragments de légumes.

### 56. Farine

Préférez celle de gruau.

### 57. Fécule

De pomme de terre, souvent préférable à la farine dans les liaisons et préparations au blanc.

### 58. Kari

Poivre rouge pilé. La poudre de kari se trouve chez tous les bons épiciers.

### 59. Laurier

Comme les diverses espèces de laurier contiennent des principes vénéneux, il est bon de n'en user qu'en petite quantité.

### 60. Macaroni

D'Italie ou d'Auvergne. *(Voyez l'appendice, articles Bousquin).*

### 61. Muscade

Avec sa rape.

### 62. Pâtes

D'Italie, vermicelle, semoule, gluten, tapioca, sagou, fécule, arrowroot. *(Voir à l'appendice, articles Bousquin).*

### 63. Piments rouges

S'emploient dans les préparations de haut goût.

### 64. Poivres

Blanc, noir, fin et gros.

### 65. Riz

On reconnait les meilleures qualités à la blancheur et à la transparence des grains. *(Voir à l'appendice, articles Bousquin).*

### 66. Sels

C'est une erreur de croire que le sel gris est plus énergique que le sel raffiné. Il a l'inconvénient d'offrir plus de facilité à la fraude. En fait de gros sel, prenez du sel gemme.

### 67. Sucre

Pilé préférable au sucre rapé.

### 68. Tablettes de bouillon

Si l'on a besoin de bouillon gras pour mouiller une préparation et qu'on n'en ait pas, on peut s'en procurer en faisant fondre une tablette.

### 69. Sauces anglaises

Voyez page 71.

---

*N. B.* On fera bien aussi de se munir pour les cas imprévus de quelques préparations de la maison Bousquin, telles que Juliennes, Séche, farines de légumes cuits, etc. *(Voir l'appendice)*.

## ARTICLES D'UTILITÉ GÉNÉRALE

### 70. Pain

Les restes de pain durs peuvent s'utiliser pour panades et potages maigres ; dans ce dernier cas, il il est bon de faire mijoter le pain dans le bouillon maigre qu'on emploie.

### 71. Croutes de pain

Lorsqu'il vous reste d'anciennes croutes, versez dessus du lait bouillant, ajoutez raisins de Malaga et de Corinthe, laissez bien imbiber la croute puis, pétrissez le tout, en y ajoutant un jaune d'œuf, jusqu'à ce que vous obteniez une pâte molle homogène. Si vous n'avez pas fait fondre du sucre dans le lait, ajoutez en en poudre en pétrissant ; faite cuire avec feu dessous et dessus ou dans un four.

On pourrait, selon les goûts, ajouter à la pâte quelques cuillerées d'eau-de-vie ou de rhum ou, en servant, en brûler autour du gâteau.

## 72. Farces

Mettez dans une casserole deux cuillerées d'huiles persil, ail, échalotes hachées, passez au beurre, ajoutez lard rapé, un peu de viande hachée, menue, ou à défaut un peu de chair à saucisse et de la mie de pain que vous avez fait tremper dans du bouillon ou du lait, suivant le plat que l'on veut garnir. Mélangez le tout de manière à obtenir une pâte molle. On peut remplacer l'huile par du beurre bien frais.

### 73. Autre

Hachez menu de la viande et du lard gras, ajoutez poivre, sel, épices, œufs durs jaunes et blancs, du beurre, une cuillerée d'eau-de-vie, hachez de nouveau. Ajoutez un peu de vin blanc. en évitant que votre pâte devienne liquide; que tout soit bien mélangé. On peut lier cette pâte avec de la mie de pain qu'on aura humectée avec le vin blanc.

On devra toujours prendre de préférence des viandes blanches, veau ou chair de volaille.

### 74. Hareng-saur

Dans presque tous les assaisonnements où l'anchois est indiqué, vous pouvez lui substituer le hareng-saur cru. Voici comment on le prépare. Vous ouvrez le hareng-saur par le dos, vous enlevez l'arête du milieu et vous le mettez à plat. Vous versez dessus de l'eau bouillante de manière à ce qu'il trempe pendant 5 minutes, vous enlevez la peau, la tête et vous découpez le reste en filets. Si c'est pour vous en servir en hors d'œuvre, vous hachez des jaunes d'œufs et des blancs séparément ainsi que des fines herbes, puis vous disposez vos filets en les entre-mêlant de bordures ou de dessins faits avec vos trois hachis jaune, vert et blanc.

Le hareng se mettra aussi dans les salades et dans les sauces où nous l'avons subtitué à l'anchois.

## 75. Pâte à Frire

Délayez de la farine dans de l'eau, ajoutez un peu d'huile et d'eau-de-vie et salez. Battez le tout comme vous le feriez pour une omelette. Battez séparément un œuf en mousse et vous l'ajouterez à la pâte avant de vous en servir.

Il est indispensable que la pâte soit faite deux heures au moins avant l'heure du dîner, sans cette précaution elle ne lèverait pas et manquerait de légèreté.

Quant à la quantité d'eau, elle dépendra de la consistance que vous voulez donner à votre pâte. Nous conseillerons de la faire toujours assez épaisse pour qu'elle s'attache bien aux mets que l'on veut frire.

Si votre pâte est faite pour entremets sucrés, n'y mettez pas de sel.

### 76. Friture

La friture faite à l'huile est plus sèche, plus croustillante, mais néanmoins on peut faire de très-bons plats frits avec le saindoux bien pur ; si on ajoute quelques cuillerées d'huile, la friture n'en est que meilleure. La graisse de bœuf donne aussi une excellente friture. Il faut la faire fondre doucement en évitant de lui laisser prendre couleur ; écumez, tirez à clair, et lorsqu'elle est limpide mettez-la dans un pot avec une feuille de laurier.

La graisse de pot au feu est aussi fort bonne, il faut la traiter comme ci-dessus. Pour être plus sûr de l'avoir purgé de tous corps étrangers, on peut, lorsqu'elle est bouillante et écumée, la passer dans un linge en ayant soin de tordre fortement.

Faites chauffer votre friture, si vous le pouvez,

sur un feu clair, au fourneau elle ne donnera jàmais d'aussi bons résultats.

Ayez toujours soin que ce que vous plongerez dans la friture soit exempt d'humidité. Si c'est du poisson, il aura dû être roulé dans la farine, où, comme en Angleterre, dans de la chapelure de pain ; si ce sont des pommes de terre, il faudra bien les essuyer. Il faut que la friture soit fort chaude, ce que vous reconnaitrez lorsque quelques gouttes d'eau la font pétiller ou qu'une petite tranche mince de pain devient promptement cassante.

Égouttez bien ce que vous retirez de la friture, saupoudrez de sel dans une passoire, sur une serviette ou sur du papier buvard et servez très-chaud.

En retirant la friture du feu il faut la laisser un peu reposer, puis la verser dans le vase où on la conserve, en ayant soin de ne pas y laisser couler le dépot. Il est bon d'avoir deux fritures dont l'une est spécialement destinée au poisson. Servez toujours le mets frits sur un plat chaud et faites donner des assiettes chaudes aux convives.

Il faut fréquemment ajouter de nouvelle friture à l'ancienne.

### 77. Beurre d'anchois

Cette préparation qui est assez longue peut être simplifiée en mettant quelques gouttes de la sauce d'anchois (page 73) dans le beurre un peu fondu ou bien en amalgamant le beurre avec la pâte d'anchois (page id.)

### 78. Beurre d'ail ou Ayoli

D'un usage fréquent dans la Provence et le midi. Il se prépare en pilant des gousses d'ail et en y ajoutant peu à peu de l'huile d'olive jusqu'à ce que vous arriviez à former une pâte.

### 79. Beurre de Montpellier

Faites blanchir en quantités égales cerfeuil, pimprenelle et estragon, un peu de ciboulette que vous faites ensuite rafraîchir, Lorsque vous en avez extrait toute l'eau, pilez avec capres, cornichons, jaunes d'œufs durs et une gousse d'ail. Ajoutez beurre, pâte d'anchois, sel, poivre, muscade. Lorsque le tout est bien amalgamé, incorporez huile d'olive, un peu de vinaigre à l'estragon et retirez du mortier pour le conserver dans un vase jusqu'au moment de vous en servir.

### 80. Beurre ravigote

Se prépare comme le beurre de Montpellier en ajoutant une poignée de persil, en diminuant la quantité de cerfeuil, de pimprenelle, et en y mettant de l'estragon vous pilez le tout avec du bon beurre.

### 81. Beurre aux fines herbes

Comme le précédent en ajoutant une échalote et mettant moins de ciboulette.

### 82. Jus

Cette préparation faite régulièrement est assez coûteuse ; pour en approcher, profitez de tous les débris de viande, bœuf, gibier, mouton, volaille que vous mettez sur des tranches de carottes dans une casserole bien beurrée. Ajoutez une bonne quantité de bouillon gras, mettez sur un feu vif et faites réduire jusqu'à ce que vous arriviez à une glace de couleur blonde, ajoutez plusieurs litres de bouillon, un bouquet de persil ; salez, faites bouillir doucement, écumez, passez au tamis, et remettez dans une casserole clarifiez avec du blanc d'œuf et passez de nouveau.

Ce jus se converve pour s'en servir au besoin.

On peut presque toujours remplacer cette préparation assez longue par un roux bien fait, ou du jus de viandes rôties.

### 83. Liaison

Pour faire une liaison vous séparez les jaunes d'œufs des blancs et les délayez avec une petite quantité d'eau froide ; vous pouvez ajouter une ou deux cuillerées de la sauce que vous voulez lier, et quand les jaunes sont parfaitement délayés, vous versez votre liaison dans la sauce ou potage toujours en tournant. Si vous avez besoin de remettre votre sauce ou potage sur le feu, que ce soit pour très-peu de temps et sans laisser bouillir, autrement, votre œuf durcirait.

#### 84. Roux

Faites fondre du beurre dans une casserole ; dès qu'il va bouillir, ajoutez la quantité de farine proportionnée à l'épaisseur que vous voulez obtenir et tournez vivement de manière à bien amalgamer la farine au beurre.

Pour le roux blond ou brun on laisse sur le feu jusqu'à ce qu'il ait pris cette couleur.

Pour le roux blanc on tourne vivement, on ne le laisse pas prendre couleur.

C'est en mouillant qu'on arrête le roux au point qu'on juge convenable.

## SAUCES

#### 85. Sauces

Lorsqu'il s'agit de varier la saveur d'une chair dont ont a mangé la veille, de tromper les organes du goût et de leur faire éprouver un sentiment de plaisir au contact d'une viande réchauffée, on conçoit que c'est à l'assaisonnement qu'est confié le soin d'opérer cette espèce de métamorphose, et qu'on ne saurait apporter trop de discernement dans la préparation des sauces, qui sont dans ce cas, nos principaux auxiliaires. Aussi, bien que nous éditions des formules culinaires à l'usage des fortunes modestes, nous conseillerons, pour le perfectionnement d'une sauce, de ne point regarder à un verre de bonne eau-de-vie, de vieux rhum, de madère et même à une ou deux truffes émincées et employées avec intelligence.

La dépense est minime et parfois obtient les plus heureux résultats.

### 86. Sauce pour tous mets

Mettez sur un feu très-doux ou sur la cendre chaude, bouillon, vin blanc, un peu de laurier, sel, poivre; un peu de zest de citron. Laissez chauffer pendant 4 ou 5 heures, ajoutez un jus de citron.

### 87. Sauce blanche

Mettre dans une casseroledu beurre, de la farine que vous mêlez, sans laisser tourner le beurre en huile. Lorsque le mélange est bien homogène, ajoutez sel, un filet de vignaire et de l'eau chaude que vous versez peu à peu en tournant toujours; au moment de servir vous y délayez un jaune d'œuf.

Vous pouvez y ajouter des capres et des cornichons hachés.

### 88. Blanquette

Faites fondre du beurre, tournez dedans une ou deux cuillérées de farine, sans laisser roussir, mettez peu à peu, et en tournant toujours, de l'eau bouillante ; ajoutez sel, poivre, persil, bouquet garni; on peut ajouter des petits ognons, des champignons qu'on laissera cuire, avant de mettre les viandes qu'on veut réchauffer. On peut ajouter un jaune d'œuf.

### 89. Sauce poulette

Procédez comme pour la blanquette, et ajoutez une liaison avant de servir (page 54) *ces trois préparation conviennent aux estomacs qui demandent des ménagements.*

### 90. Sauce maître d'hôtel

Mettre dans un plat légèrement chauffé, un bon morceau de beurre bien manié de persil haché fin, avec sel, poivre, muscade et, suivant les goûts, ciboule et une feuille d'oseille hachées; lorsque l'amalgame est complet, mettez dessus le poisson ou la viande que vous avec tenue bien chaude.

### 91. Sauce aux tomates

Faites cuire vos tomates avec sel, poivre, thym, laurier, ail, persil, lorsque la cuisson est suffisante, passez le tout et remettez sur le feu le jus, avec un bon morceau de beurre; ajoutez une liaison.

On peut éplucher les tomates avant de les faire cuire, en enlevant la pellure et les pepins, vous pourrez alors retirer les assaisonnements sans passer.

On ajoute quelquefois de la farine dans la casserole; nous préférons conserver le goût aigrelet de la tomate. *La tomate est rafaîchissante et se digère facilement*

### 92. Sauce aux œufs

Mettez avec des jaunes d'œufs des tranches de citron dont vous avez ôté les pépins et l'enveloppe blanche; sel, muscade; faites cuire sur un feu doux en tournant, évitez que l'œuf ne durcisse.

### 93. Sauce magnonnaise ou bayonnaise

Écrasez dans quelques gouttes de vinaigre un jaune d'œuf dur, avec poivre et sel; achevez de délayer en versant de l'huile goutte à goutte en tournant toujours. Lorsque le mélange est bien fait, éclaircissez jusqu'à la consistance de sauce, en versant peu à peu du vinaigre et en tournant toujours.

On peut ajouter des olives, des anchois ou de filets de harengs-saurs crus préparés comme il est dit page 48.

*Cette sauce ainsi que la précédente ne convient qu'aux estomacs en bonne santé.*

Vous pouvez rafraîchir une sauce magonnaise de la veille, en y ajoutant un peu de sauce brune ou blonde ou de la béchamel. Vous pouvez aussi employer des jaunes d'œufs que vous battez pendant quelques minutes et auxquels vous ajoutez votre sauce toujours en tournant; ajoutez du jus de citron ou du vinaigre à l'estragon.

### 94. Sauce rousse

Vous faites un roux que vous laissez sur le feu suivant le degré de couleur que vous voulez donner à votre sauce ; ajoutez en tournant, de l'eau chaude ou mieux du bouillon, sel et poivre. Si elle doit accompagner des légumes on peut quelquefois ajouter un bouquet de persil.

### 95. Sauce au beurre noir

Faites fondre du beurre dans une poële, lorsqu'il est bouillant jetez y du persil que vous faites frire, versez le tout sur le morceau que vous avez à servir qui doit être sur un plat bien chaud. Dans votre poële encore chaude mettez quelques cuillérées de vinaigre et lorsqu'il sera bien chaud arrosez en votre plat.

### 96. Sauce piquante

Faites cuire dans du vinaigre des aromates, tels que thym, laurier, ail, échalotes; poivrez et salez. Lorsque votre vinaigre est réduit, ajoutez du bouillon ou du jus et retirez les ingrédients avant de vous servir de la sauce.

### 97. Rémolade

Hachez très-fin cerfeuil, ciboule, échalote; ajoutez sel, poivre et moutarde; délayez le tout avec de l'huile et un peu de vinaigre en ayant soin de tourner toujours.

### 98. Sauce Robert

Faites un roux, puis ajoutez un morceau de beurre et des ognons hachés ; mouillez pendant la cuisson avec de l'eau ou du bouillon; au moment de servir ajoutez une cuillérée de vinaigre et de la moutarde; mêlez le tout.

### 99. Ravigotte

Hachez fin toutes les herbes d'assaisonnement que la saison peut fournir, comme cerfeuil, estragon, pimprenelle, cresson, alenois. Faites les bouillir dans du bouillon, avec sel, poivre et vinaigre. Au moment où vous retirez votre sauce du feu, ajoutez un morceau de beurre manié de farine que vous y faites fondre en tournant.

### 100. Sauce à la tartare

Hachez, comme il est dit ci-dessus, les herbes aromatiques, ajoutez un peu de vinaigre et une bonne quantité de moutarde, que vous délayez en y versant peu à peu de l'huile et en tournant toujours.

Il faut que cette sauce faite à froid conserve une certaine épaisseur.

Toutes ces sauces de haut goût peuvent généralement recevoir des capres et des cornichons hachés.

*Elles ne conviennent pas aux estomacs disposés à la gastrite.*

### 101. Sauce à pauvre homme

Mettez dans l'eau du persil, des échalottes hachées, un oignon, sel et poivre, une cuillerée de vinaigre et faites bouillir jusqu'à ce que les échalotes soient cuites. Cette sauce au court bouillon peut servir à faire cuire quelques espèces de poisson, des sauterelles de mer ou salicoques. Si l'on s'en servait pour des moules ou tout autre coquillage rendant de l'eau, il serait inutile d'en mettre dans la casserole. On pourra retirer l'ognon et les échalotes.

### 102. Autre moins simple

Faites cuire vos ingrédients dans du bouillon, retirez l'ognon, ajoutez une liaison. Vous pouvez faire réchauffer dans cette sauce les viandes qui vous restent de la veille.

### 103. Sauce des minimes

Si vous manquez de beurre, délayez des jaunes d'œufs dans de l'huile ; ajoutez sel, poivre, muscade ; mettez chauffer au bain marie et tournez doucement pour lier.

### 104. Sauce à la bechamel maigre

Faites bouillir dans un litre d'eau une carotte coupée en tranches, quelques échalotes, muscade rapée, gros poivre, bouquet garni et champignons.

Pendant la cuisson de cette préparation, vous mettez sur un feu vif deux cuillerées de fécule avec un litre et demi de crême ; laissez réduire et épaissir, en ayant soin de remuer pour qu'elle ne s'attache pas ; mêlez-y la préparation ci-dessus, en versant peu à peu; passez à l'étamine et jusqu'au moment de vous en servir, tenez cette sauce sur un bain-marie.

### 105. Sauce à la Bechamel grasse

Passez au beurre du lard coupé en petits morceaux, une carotte, un navet, ognons, graisse de veau; lorsque le tout est revenu, mouillez de bon bouillon, ajoutez un peu de farine, poivre, sel, girofle, muscade, thym, laurier, persil; faites cuire une heure, passez et dégraissez.

### 106. Sauce à la crême

Mettez ciboule et persil hachés, sel, poivre, muscade, un bon morceau de beurre et une cuillérée de fécule ou de farine. Laissez fondre le beurre sans qu'il prenne couleur ; versez alors dans la casserole un verre de crême ou de lait, et faites bouillir en tournant toujours.

*Cette sauce accompagne très-bien le poisson.*

### 107. Sauce à la provençale

Hachez champignons et une échalote, trois cuillerée d'huile, trois gousses d'ail, sel, poivre, bouquet garni et une bonne pincée de fécule. Mettez sur le feu et mouillez avec bouillon et vin blanc en quantité égale. Faites bouillir doucement, retirez le bouquet et les aulx.

### 108. Sauce salmis

Faites fondre, sans le laisser roussir, un morceau de beurre manié de farine ; ajoutez autant de vin blanc que de bouillon, un bouquet garni, une ou deux échalotes hachées, poivre, sel; faites bouillir, puis mettez les viandes que vous voulez accommoder, avec un jus de citron, et arrêtez l'ébullition.

Placez vos morceaux sur des tranches de pain grillé et versez dessus votre sauce. Un verre d'eau-de-vie et une truffe coupée en petits morceaux font merveille. *(Échauffant)*.

### 109. Sauce hollandaise

Faites fondre à très-petit feu du beurre ; laissez-le reposer, salez, ajoutez un jus de citron, fouettez, pressez, goûtez et ajoutez du sel, s'il est nécessaire.

### 110. Sauce hachée

Mettez dans une casserole un verre de vinaigre, sel, poivre et ajoutez champignons, persil et échalotes hachés menus ; faites bouillir jusqu'à ce que le vinaigre soit presque entièrement évaporé ; mouillez avec une sauce rousse ; chauffez encore, puis jetez dedans des cornichons hachés et des capres. Au moment de servir, ajoutez un peu de beurre et un peu de sauce ou de pâte d'anchois.

---

### 111. Sauce aux groseilles à maquereau

Faites blanchir dans l'eau salée des groseilles à maquereau, coupez-les en deux et retirez-en les pépins ; ajoutez-les à une sauce blonde ou rousse un peu onctueuse.

Dans la cuisine anglaise cette sauce accompagne le poisson.

### 112. Sauce au kari

Mettez dans une casserole un bon morceau de beurre, gousses de piment rouge hachées, de la fécule, et, si vous l'aimez, une pincée de safran. Mouillez de bouillon et faites bouillir ; ajoutez de la muscade rapée ; servez très-chaud. Cette sauce de haut goût accompagne très-bien des restes de volaille.

Elle est très-digestive, mais échauffante. On peut, pour simplifier, se contenter de jeter de la poudre de kari dans une sauce rousse en mouillant de bouillon.

### 113. Sauce genevoise

Pour accompagner des restes de poisson, faites un roux que vous mouillez avec la cuisson du poisson et passez, ajoutez du vin s'il n'en est pas employé dans la cuisson; du beurre, persil, échalote hachés fin, champignons et, si vous le voulez, un verre d'eau-de-vie et un petit morceau de sucre.

Si vous voulez la faire au gras, vous mouillerez avec du bouillon gras, on ajoute souvent des anchois.

### 114. Sauce pour volaille

Mettez en réserve le foie d'un oie, d'un canard ou d'un dindon, écrasez-le dans le jus de la cuisson, ajoutez de l'huile et un jus de citron, sel et poivre ; que cette sauce soit bien amalgamée et onctueuse.

### 115. Court Bouillon

Faites bouillir pendant deux heures, vin rouge ou blanc avec ognons, carottes en tranches, bouquet garni, clous de girofle, laurier, thym, sel et gros poivre.

Vous pouvez faire cuire dedans du poisson de mer ou d'eau douce. Ensuite vous passez le court bouillon et vous le conservez dans des bouteilles bien bouchées. A chaque fois que vous êtes pour vous en servir ajoutez du vin, un verre d'eau-de-vie, et, si vous le pouvez, un peu de madère.

Plus il a servi, meilleur il est. Si vous voulez conserver des parties d'un gros poisson, cuit au court bouillon, tel que du saumon, vous le coupez par tronçons, vous le mettez avec le court bouillon dans un vase dont l'ouverture ne soit pas très-large, vous recouvrez le liquide d'une légère couche de bonne huile, vous bouchez ou fermez d'un papier, et chaque fois que vous voulez manger un tronçon de saumon, soit sur le gril, soit à la sauce, vous le retirez du court bouillon.

### 116. Sauce pour les huitres

Les grosses huitres qui n'ont point été parquées ont une saveur très-énergique qu'on désire quelquefois modifier et des personnes y expriment du jus de citron. D'autres préfèrent la préparation suivante très en usage dans les ports où on pêche les *pieds de cheval.*

Hachez très-fin des échalotes, mêlez-y du gros poivre et du vinaigre, écrasez les échalotes et dans chacune de vos huitres mettez quelques gouttes de cette sauce.

## SAUCES ANGLAISES

### 117. Sauces anglaises

La cuisine anglaise est peu variée. Elle se compose en général de viandes roties, de poissons frits ou bouillis, de légumes et même de gibier cuits à l'eau. Pour relever l'informité de cette cuisine primitive, les anglais font usage de sauces toutes préparées, servies dans des espèces d'huiliers à quatre ou six flacons, qui se trouvent sur toutes les tables. Toutes ces sauces sont à base de vinaigre, dans lequel on a fait infuser divers condiments. (Elles ne conviennent pas aux estomacs irritables).

### 118. Harvey sauce

Du nom de celui qui l'a inventée. Elle possède une saveur assez forte *sui generis*, résultat de diverses substances qui ont servi à les composer. Elle accompagne très bien les viandes froides surtout celles qui par elles-mêmes excitent peu l'appétit. Quelques gouttes suffisent. Elle est de couleur brune.

### 119. Ketchup ou sauce aux champignons

Elle peut servir de complément à plusieurs de nos ragoûts. elle s'emploie avec les beefsteaks, les entre-côtes, sa couleur est foncée et sa saveur très-prononcée.

### 120. Sauce de citron

On l'emploie dans tous les cas ou l'on devrait faire usage du jus ou des tranches du fruit dont elle apporte la saveur. Elle assaisonne très-bien les cerneaux, les huitres et le cresson dont on entoure une volaille.

### 121. Sauce aux anchois

Elle est de couleur rouge et son goût est très-énergique. Elle relève admirablement la fadeur d'une sauce blanche, lorsqu'on en met quelques gouttes sur son assiette. Elle est encore très-utile pour faire un beurre d'anchois.

### 122. Pâté d'anchois

On peut en faire d'excellents sandwich en en mettant une légère couche entre deux tartines beurrées.

### 123. Jus de légumes concentré

Dit succolorant, pour sauces, ragoûts et potages *(Voir a l'appendice, articles Bousquin).*

## POTAGES

### 124. Bouillon de poisson

S'il vous reste des parties de poisson, faites prendre couleur à des carottes et à des oignons dans du beurre, ajoutez ensuite, si vous le voulez, de petites crevettes grises, mouillez avec de l'eau, ajoutez thym, laurier, clou de girofle, un demi verre de vin blanc, un peu de sucre, faites bouillir; mettez vos morceaux de poisson et après avoir fait jeter encore quelque bouillon, versez sur des tranches de pain avec le poisson.

### 125. Julienne économique

Si vous ne teniez pas à manger les légumes du pot au feu avec le potage, vous pouvez les utiliser un ou deux jours après, et dans ce but vous pourriez en mettre dans la marmite une quantité un peu plus grande qu'à l'ordinaire.

Pour les utiliser, vous coupez en filets les carottes, navets, panets, vous coupez en petits morceaux les poireaux céleris et vous faites bien revenir le tout dans du beurre; vous pouvez ajouter des morceaux de pommes de terre jaunes et du chou émincé, des pois verts, etc. cuits séparément à l'eau; vous pressez le tout dans une passoire et vous mouillez avec du bouillon ou de l'eau, la purée qui en résulte ; dans le dernier cas, il faudrait ajouter du beurre.

### 126. Potage au riz et aux oignons

S'il vous reste du riz au lait et que le lendemain vous vouliez en varier le goût, faites roussir de l'ognon haché très-fin auquel vous ajoutez un peu de fécule; lorsque tout est bien coloré, ajoutez un peu d'eau, sel et poivre, faites jeter quelques bouillons et jetez y votre riz. La quantité d'eau à mettre dépendra de ce qui vous reste de lait avec votre riz.

Si vous n'aimez pas à trouver l'ognon roussi dans le potage, avant de mettre le riz passez le bouillon d'ognon, surtout si l'ognon n'est pas bien cuit.

### 127. Potage à la Condé

Si après avoir fait fait cuire des haricots rouges il vous en restait qui n'eussent pas été fricassés, écrasez-les dans une passoire, faites-en une purée avec du bouillon maigre, c'est-à-dire au beurre avec persil etc, et versez les sur des roties de pain ou sur des croutons frits dans le beurre.

### 128. Potage Flamand

Pour utiliser la graisse de pot au feu que vous aurez conservée, faites roussir dedans oseille, poireaux et ognons coupés ; ajoutez des pommes de terre jaunes coupées en morceaux, et mettez de l'eau en quantité suffisante. Quand les pommes de terre sont cuites écrasez-les dans une passoire, mettez cette purée dans votre bouillon et faites bouillir de nouveau ; un peu avant de servir ajoutez une poignée de cerfeuil bien haché.

### 129. Potage aux pommes de terre

S'il vous reste des pommes de terre qu'on aurait servies en robe de chambre, coupez-les par morceaux, faites les roussir dans le beurre avec des poireaux coupés en petits morceaux, écrasez les pommes de terre dans une passoire, joignez cette purée et les poireaux à un bouillon maigre. Versez sur des croutons frits dans le beurre.

On peut traiter de même les pommes de terre cuites sous la cendre.

### 130. Potage de tête de veau en tortue

C'est le potage que les Anglais nomment *Mock-turtle.*

Prenez des morceaux cuits de tête de veaux où il y ait de la peau, coupez-les en petits dés, joignez persil, thym, basilic, ognons, laurier, champignon, jambon maigre, clous de girofle, poivre de Cayenne ; faites revenir dans du beurre, puis mettez le tout dans un roux avec la quantité d'eau suffisante pour votre soupe qui doit être assez épaisse.

Faites bouillir et écumer pendant une heure et demie, passez au tamis, ajoutez, si vous le pouvez, un ou deux verres de madère sec, du jus de viande, des petites boulettes ou quenelles, un filet de jus de citron.

On prend autant de bols qu'il y a de convives et au fond, on place un jaune d'œuf dur, on verse le bouillon bien chaud, en distribuant les morceaux de tête de veau, les quenelles, etc

## BOEUF

### 131. Bœuf

*Non ignara mali miseris sucurrere disco*
Qui ne sait compatir aux maux qu'il a soufferts

Il est convenu que vous n'êtes pas riches, que vous jouissez tout au plus d'*une modeste aisance*, ou, qu'employé dans quelqu'administration, vous n'avez pu vous élever au poste de chef de division ou de secrétaire général ; par conséquent lorsque chez vous on met le pot au feu, vous mangez votre *bouilli*, cette viande que Brillat-Savarin a justement ainsi qualifiée : *Le bouilli est de la chair moins son jus*.

Le premier jour vous en relevez la fadeur par le sel, la moutarde plus ou moins aromatisée, par des cornichons ou autres conserves au vinaigre ; mais la famille est nombreuse, la ménagère a voulu avoir du bouillon pour plusieurs jours, le bouilli est volumineux et vous courez grand risque de le voir figurer sur votre table le lendemain et peut-être le surlendemain ; cherchons donc à le déguiser, et voici les diverses préparations que je vous recommande.

### 132. Bœuf en salade ou vinaigrette

Ce n'est guère qu'au déjeûner que figure ce plat très simple, puisqu'il consiste à assaisonner des tranches minces de bouilli avec les ingrédients qu'on emploie pour la salade. On peut ajouter du cresson, du cresson alenois, cornichons, filets de harengs saurs crus *(page 74)*, ou des petites crevettes d'un rose grisâtre qu'on appelle aussi sauterelles et dont le prix est peu élevé.

### 133. Persillade

Faites mijoter sur un feu doux des tranches de bœuf d'un 1/2 cent. d'épaisseur dans un peu de bouillon ou de jus ; recouvrez-les de fines herbes hachées et versez dessus du bouillon bouillant dans lequel, pendant quelques minutes, vous avez fait infuser un bouquet de persil. Ajoutez quelques gouttes de citron ou un filet de vinaigre. On peut mettre le persil haché sur les tranches de bœuf.

### 134. Bœuf à la maître d'hôtel

Faites chauffer les tranches de bœuf dans un peu de bouillon ; lorsqu'il est tari, servez sur un bon morceau de beurre manié de persil et d'une pointe d'oseille hachés.

### 135. Bœuf au gratin

Dans un plat qui peut aller au feu, disposez des morceaux de lard de poitrine que vous avez fait revenir *(à défaut de lard mettez du bouillon ou du beurre et un peu d'eau)*, ajoutez quelques champignons, persil, ciboule, ou ail hachés ; saupoudrez de chapelure ; sel, poivre et épices. Disposez sur ce fond vos tranches de bouilli, recouvrez comme dessous, arrosez d'un peu de bouillon et faites chauffer à feu doux. Un peu avant de servir, feu vif dessus et dessous pour gratiner.

On peut ajouter un peu de vin blanc ou un petit verre d'eau-de-vie ou de rhum.

### 136. Bœuf en ragoût

Coupez en dés du lard de poitrine, que vous faites roussir ; mouillez d'un bouillon ou d'un peu d'eau ; faites-y cuire des pommes de terre que vous coupez, si elles sont grosses ; bouquet de persil, sel, poivre, thym, laurier. Une demi-heure avant de servir, mettez les tranches de bœuf, ajoutez un filet de vinaigre ou un petit verre d'eau-de-vie ou de rhum, selon le goût ou selon la dépense qu'on peut se permettre.

### 137. Miroton

Vous faites cuire à moitié, dans du beurre, une, bonne quantité d'ognons coupés en tranches. Lorsqu'ils sont d'une belle couleur, ajoutez une petite quantité de farine, du bouillon, un demi verre de vin blanc et des champignons, si vous le pouvez. Laissez mijoter sur le feu jusqu'à ce que l'ognon soit complètement cuit et comme en marmelade. Mettez alors votre bœuf coupé en petites tranches minces et laissez encore mijoter pour qu'il prenne goût, et, si vous n'avez pas employé de vin blanc, ajoutez un filet de vinaigre. Quelques personnes assaisonnent avec de la moutarde. *Cet aliment ne convient pas aux estomacs délicats ou paresseux.*

### 138. Pseudo-beefsteak

Si vous avez un morceau de bouilli gras, qu'il soit possible de le couper par tranches sans qu'il se brise, mettez-les sur le gril exposées à un feu doux. Lorsqu'elles sont légèrement rissolées sur les deux faces, vous les disposez dans un plat chauffé, sur un bon morceau de beurre, manié de fines herbes hachées et vous les servez entourées de pommes de terre frites ou de petites pommes de terre rôties dans le beurre. Vous pouvez aussi verser dans votre beurre qui fond, quelques gouttes de sauce d'anchois (*Voy. page* 73) et remplacer les pommes de terre par du cresson un peu vinaigré. *Digestion facile.*

### 139. Bœuf en papillotes

Entre deux tranches de bouilli larges et épaisses, étalez-y du beurre manié de fines herbes; recouvrez de même les surfaces de vos tranches, enveloppez le tout dans une feuille de papier beurrée ou huilée, et placez le gril sur un feu doux.

Pour vos enveloppes de papier, préférez le papier gris, fin, qu'on appelle *bulle*. On emploie pour la préparation des papiers blancs, des substances métalliques qui peuvent communiquer un mauvais goût aux mets et qui ne sont pas sans inconvénient pour la santé.

### 140. Bœuf sauce aux tomates

Cette sauce, servie à part dans une saucière accompagne souvent le bœuf dès le premier jour; mais quand il s'agit de le réchauffer on le coupe par petites tranches que l'on met dans la sauce, lorsqu'elle est faite, et on ne les laisse sur le feu que quelques instants. *(Voy. page* 58 *Sauces)*.

### 141. Bœuf en blanquette

La sauce blanquette s'emploie plus ordinairement avec les viandes blanches. Néanmoins le bœuf bouilli ainsi réchauffé peut convenir aux personnes qui craignent les mets de haut goût.

Il faut avoir soin de diviser le bœuf en tranches petites et minces afin qu'elles s'imprègnent mieux du goût de la sauce, sans rester longtemps sur le feu.

### 142. Bœuf en hachis

Hachez votre bœuf très-fin ; si vous avez un reste de gigot ou de toute autre viande, ajoutez-le ; mêlez de la chair à saucisses avec persil, ciboules hachés, sel et poivre. Mettez dans une casserole une pincée de farine et faites bien revenir votre hachis dans du beurre, quand il est rissolé, mouillez de bouillon ou d'eau en faisant cuire sur un feu doux. On peut ajouter un œuf bien battu. Quelques personnes suppriment tout à fait la farine. S'il est nécessaire, dégraissez avant de servir. *(D'une digestion difficile comme toutes viandes hachées.)*

### 143. Boulettes de hachis

Si votre hachis forme un plat considérable, vous pouvez, avant de dégraisser, en convertir une partie en boulettes. Pour les rendre plus délicates, versez sur de la mie de pain émiettée du lait bouillant, mélangez et pétrissez avec le hachis, en y ajoutant une pointe d'estragon et d'échalote, jusqu'à ce que le tout fasse une pâte bien homogène. Goûtez alors pour savoir si elle est encore assez épicée ; formez en des boulettes que vous roulez dans la farine ou dans la chapelure de pain et faites frire.

Les boulettes peuvent se conserver plusieurs jours. On les mange en les mettant sur le gril ou réchauffées dans une sauce blonde.

### 144. Autre hachis

A la place de la mie de pain mouillée de lait chaud, vous pouvez substituer de la cervelle cuite hachée ; roulez les boulettes dans la farine ou dans la chapelure et dorez les dans une casserole avec un morceau de beurre.

---

### 145. Boulette de hachis au gratin

Lorsque votre hachis aura été préparé comme ci-dessus, formez en de petites boulettes que vous roulez dans la farine. Beurrez bien un plat qui puisse aller au feu, posez y vos boulettes les unes contre les autres, sans qu'elles se touchent ; saupoudrez de chapelure fine et mouillez avec un peu de bouillon. Mettez un petit morceau de beurre sur chaque boulette, faites gratiner au four ou au four de campagne.

Le bouillon n'est pas indispensable. On mange ces boulettes au naturel ou sur une sauce.

### 146. Bœuf à la rémolade

Vous servez le bouilli coupé en tranches et vous l'accompagnez d'une rémolade préparée dans une saucière. Si vous servez les tranches dans la rémolade même, elles en auront mieux pris le goût.

### 147. Bouilli garni d'ognons

Épluchez des ognons sans enlever les têtes, afin qu'ils restent entiers. Rangez les au fond d'une casserole bien beurrée, ajoutez de l'eau ou du bouillon seulement ce qu'il faut pour les recouvrir ; faites réduire des trois quarts à feu vif, puis diminuez le feu et laissez tomber en glace.

Disposez vos ognons autour de la viande et versez dessus le fond de la casserole.

### 148. Bouilli à la sauce au pauvre homme

Disposez les tranches de bouillon sur un plat de métal dont vous avez couvert le fond d'une couche de beurre saupoudrée de chapelure ; mouillez de bouillon, sel, poivre, recouvrez de persil haché d'un peu de chapelure et de quelques petits morceaux de beurre; feu vif dessous, charbon ou braise en dessus pour faire gratiner; ajoutez thym, laurier, girofle, un peu de citron. Faites bouillir dix mi-minutes, retirez thym, laurier, girofle et servez.

### 149. Bœuf en gibelotte

Faites un roux (page 55) ajoutez du vin et de l'eau, sel, poivre, bouquet garni, petits ognons, ajoutez un petit morceau de sucre et faites réchauffer vos tranches de bœuf sur un feu doux.

### 150. Bœuf en matelotte

Épluchez une bonne quantité de petits ognons blancs et de champignons que vous retournez dans du beurre, sans cependant les faire roussir; liez avec une ou deux cuillerées de fécule, ajoutez sel, poivre, muscade, bouillon et vin blanc; faites cuire à petit feu et au moment de servir, ajoutez un jaune d'œuf et un jus de citron.

### 151. Bœuf aux saucisses

Avec la graisse rendue par les saucisses, faites un roux auquel vous ajoutez persil, ciboule, ail hachés faites chauffer les tranches de bœuf à feu doux, ajoutez un filet de vinaigre. *(Ces trois dernières préparations exigent un estomac dans l'état normal.)*

### 152. Bœuf à la poèle

Coupez un oignon ou deux par moitié, en supprimant la tête et la queue ; faites revenir à la poèle, sans laisser noircir, et après avoir coupé chaque moitié en lames minces.

Ajoutez les morceanx de bœufs, en ayant supprimé les os, les peaux et les nerfs, chauffez doucement en faisant sauter vos tranches.

Au moment de servir bien chaud, ajoutez un filet de vinaigre.

Pour plus d'économie substituez de la graisse au beurre.

### 153. Bœuf aux choux ou à la choucroute

Faites réchauffer votre bouilli séparément dans un peu de bouillon ou mettez-le, quelques minutes réchauffer dans les choux, avant de servir.

Dressez le bœuf sur les choux ou sur la choucroute ou bien mettez les légumes en couronne autour du plat et le bœuf dans un espace que vous avez laissé au milieu.

### 154. Grillades de bouilli

Faites prendre une belle couleur au lard et au saucisses que vous faites revenir à la poële ; ajoutez vos tranches de bouilli que vous faites réchauffer avec un peu de bouillon, dégraissez s'il y a lieu, et mettez un filet de vinaigre.

### 155. Aloyau et filet

Vous pouvez réchauffer les restes de ces viandes roties ou grillées en les coupant en tranches épaisses et en les mettant sur le gril en papillotes bien graissées ; ayez soin surtout quelles ne subissent pas une seconde cuisson qui durcirait la viande. Servez sur un plat chauffé sur lequel vous mettez un morceau de beurre manié de fines herbes auquel vous pouvez ajouter quelques gouttes de sauces aux anchois. *(Voy. Sauces anglaises.)* Si les morceaux qui vous restent sont assez volumineux, vous pouvez, après les avoir enveloppés de papier beurré, les mettre de nouveau à la broche devant un feu très doux.

Les mêmes restes taillés en émincé peuvent être réchauffés dans du bouillon, sauce aux tomates ou servis sur une purée de pommes de terre, de pois, sur une macédonie de légumes, harricots panachés, sur de la chicorée au gras ou dans quelqu'une des sauces dont nous donnons la recette, en ayant toujours soin que les viandes ne restent sur le feu que le temps nécessaire pour être suffisamment réchauffées.

### 156. Filet de bœuf aux croutons

S'il vous reste de l'aloyau ou du filet que la veille vous avez mangé cuit à la broche, coupez-le en petites tranches que vous faites réchauffer à feu doux et sans bouillir dans du jus ou dans du bouillon.

Faites frire dans du beurre des croutons de même dimension que vos tranches, et garnissez un plat en alternant, filet et crouton; ajoutez un peu de jus, un morceau de beurre manié de persil et filet de citron ; on peut aussi y mettre des capres ou des cornichons hachés.

### 157. Filet aux champignons

Faites cuire des champignons dans du beurre auquel vous ajoutez une cuillerée de farine, un peu dejus ou de bouillon. Lorsque les champignons sont cuits, mettez réchauffer dans cette sauce vos tranches de filet, disposez-les, avec les champignons autour, versez dessus votre sauce à laquelle vous ajoutez un filet de citron et qui doit être épaisse.

Si avant de retirer du feu, vous mettez dans la sauce un petit verre d'au-de-vie, (à défaut de madère) votre sauce n'en sera que meilleure.

### 158. Filet de bœuf sur légumes ou purée

Après l'avoir fait réchauffer, soit à la broche soit en tranches, ainsi qu'il a été dit (page )vous pouvez le servir sur une sauce tomate, sur un ragout de chicorée, de laitue, de romaine ou sur une purée.

### 159. Langue de bœuf

Ces restes doivent être traités par l'un des moyens indiqués pour les restes de bœuf. On choisira l'assaisonnement ou la sauce qui s'accordera le mieux avec la première manière dont la langue a été accommodée.

### 160. Langue de bœuf au naturel

Elle fournit un très bon bouillon mais ayez soin de ne pas laisser trop cuire car alors comme plat elle devient insipide ; celle d'un jeune bœuf ne doit pas bouillir plus de deux heures, celle d'un bœuf plus fort demande au moins 3 heures d'ébullition.

Il est bien entendu qu'on ne la met dans la marmite qu'après l'avoir fait dégorger par quelque bouillon ou dans l'eau tiède après quoi on la rafraîchit. C'est quand elle est cuite que vous enlevez la grosse peau. Lorsqu'on doit la servir au naturel on la fend dans sa longueur et on a dans une saucière une sauce de haut goût.

### 161. Langue de bœuf en papillotes

Coupez en tranches épaisses le reste d'une langue; mettez-les en papillote et servez-les sur une sauce à volonté.

Si vous ne voulez pas faire de papillotes, contentez-vous de passer les tranches à la Ste Menehould et mettez-les sur le gril; servez sur une sauce.

### 162. Au gratin

Mettez au fond d'un plat sur lequel vous devez servir, un peu de bouillon, un filet de vinaigre, ciboule, persil, échalote, cerfeuil hachés très-fin, câpres, sel, gros poivre ; recouvrez de chapelure de pain et disposez ensuite vos tranches que vous recouvrez du même assaisonnement, la chapelure en dessus, faites bouillir doucement jusqu'à ce qu'il se forme du gratin au fon du plat ; humectez d'un peu peu de bouillon avant de servir.

### 163. Cervelle de bœuf

La seule manière de tirer partie d'un reste de cervelle, si on ne veut pas la servir de nouveau dans son assaisonnement primitif, c'est de bien nettoyer les morceaux, de les tremper dans une pâte (page 49) et de les faire frire. Nous avons dit qu'on pouvait aussi mêler un reste de cervelle au hachis dont on veut faire des boulettes.

### 164. Cervelle de bœuf frite

Si après avoir fait cuire une cervelle pour la manger au beurre noir ou en matelote vous en avez conservé, coupez-la en morceaux que vous trempez dans une pâte à frire ; faites frire de belle couleur et servez avec du persil frit.

### 165. Palais de œ

Après les avoir fait dégorger et rafraîchir vous les mettez dans le pot au feu ; lorsque vous jugez qu'ils sont cuits enlevez la grosse peau et servez avec une sauce relevée.

### 166. Palais de bœuf aux croutons dits à la bretonne

Servez vos morceaux de palais de bœuf cuits et coupés régulièrement, sur une purée d'ognons, en plaçant entre chaque morceau, un crouton frit de même forme.

Recouvrez d'une glace.

### 167. Palais de bœuf à lyonnaise

Faites chauffer vos morceaux dans une purée brune d'oignons.

### 168. Palais de bœuf frits

Couper les palais en filets minces que vous mettez dans une marinade froide faites les égoutter, tranpez-les dans la pâte et faites frire.

### 169. Palais de bœuf à la poulette

Lorsqu'ils auront été retirés du pot et dépouillés de leur peau, coupez-les en morceaux, mettez dans une casserole de la sauce liée ( pag.57) faites réduire, ajoutez beurre, champignons et leur sauce, persil haché, faites bien chauffer, mettez les carrés de palais, liez avec des jaunes d'œuf, faites épaissir, ajoutez du beurre et un jus de citron.

### 170. Croquettes de palais de bœuf

Coupez en petits dés les restes d'un palais de bœuf, faites-les revenir dans une sauce blonde un peu épaisse, formez-en de petits tas que vous panez bien après les avoir laissé refroidir, et vous les faites frire.

### 171. Queue de bœuf à la purée de légumes

Passez au beurre les légumes que vous avez retirés du pot au feu en y ajoutant des épices, un bouquet garni et quelques bardes de lard ; panez, faites une purée de vos légumes, disposez votre queue sur les bardes de lard et versez votre purée.

### 172. Queue de bœuf panée et grillée

Dans le pot au feu vous avez mis une queue de bœuf. Laissez la refroidir et après l'avoir assaisonnée de sel et de poivre, trempez la dans du beurre et panez, recommencez la même opération, faites la griller et servez sur une sauce de haut goût, piquante, tartare.

# VEAU

## 173. Veau

Ce qui reste d'un morceau de veau peut très bien se manger froid et même beaucoup de personnes le préfèrent ainsi; mais comme on peut désirer d'avoir pour dîner un plat chaud, voici comment on peut en tirer parti.

## 174. Réchauffé

Mettez dans une casserole un morceau de beurre, puis votre veau; chauffez doucement avec feu en dessus. Lorsque vous jugez que votre veau est réchauffé jusqu'à l'intérieur et après que vous avez eu soin de le retourner plusieurs fois, ajoutez un peu de jus ou de bouillon dans le beurre où il a chauffé, ajoutez une goutte de caramel, faites jeter quelques bouillons et versez sur votre veau.

Si vous préfériez couper le veau en tranches un peu minces, faites votre sauce séparément et n'y mettez vos tranches qu'un instant.

**175. Tranches de veau aux champignons**

Agissez comme pour le bœuf au gratin, (page 80) mais vous supprimez la chapelure, vous ne laissez pas gratiner et vous servez avec la sauce longue.

**176. Tranches de veau à la provençale**

Avec un morceau de beurre manié de farine et quelques cuillérées d'huile, mettez persil, ciboules, échalotes hachés, sel et poivre; faites lier cette sauce sur le feu et mettez-y réchauffer votre veau froid coupé en tranches minces ; ne laissez pas bouillir.

**177. Blanquette de veau**

Coupez le veau en tranches minces, mettez dans une casserole un morceau de beurre; lorsqu'il est fondu, ajoutez, en tournant, une cuillérée de farine; ayez soin qu'elle soit parfaitement mêlée au beurre, mais ne laissez pas roussir, ajoutez de l'eau, sel, un bouquet garni. Lorsque votre sauce sera faite, placez-y vos tranches de veau ; que le feu soit alors très-doux; ajoutez un filet de vinaigre et un jaune d'œuf, au moment de servir.

Si vous désirez avoir dans votre blanquette des petits ognons et des champignons, il faut les mettre en même temps que l'eau et pousser le feu; il est nécessaire que les ognons soient bien cuits. *Les blanquettes conviennent aux estomacs disposés aux irritations.*

### 178. Croquettes de veau

Faites une sauce avec du beurre et un peu de farine que vous tournez sans laisser roussir ; ajoutez champignons et persil hachés menus, sel, poivre, un peu de crême et un peu de bouillon, ou un peu du jus de la cuisson de la veille. Lorsque votre sauce est faite et épaisse, mettez-y vos restes de veau gras et maigre, que vous coupez en dés ; laissez refroidir, formez avec le tout des boulettes que vous panez et que vous trempez dans un œuf battu, jaune et blanc ; panez de nouveau et faites frire. Servez avec du persil frit.

### 179. Papilotte de veau

Formez des tranches épaisses et de bonne grandeur, enveloppez-les avec une farce, dans un papier bien beurré, comme s'il s'agissait de cotelettes; mais comme la viande est déjà cuite, le gril devra être placé sur un feu doux et n'y rester que le temps nécessaire pour que la viande ne soit que réchauffée.

### 180. Fricandeau

Le reste d'un fricandeau peut se servir d'un seul morceau ou coupé en tranches. On le fait réchauffer ou séparément dans un peu de bouillon ou dans la préparation même sur laquelle on compte le servir, comme ragoût de laitues entières, de céleri, d'oseille et sauce tomate, ou dans une sauce que vous ferez exprès avec les débris de lard et de viande qui ont servi à préparer le fricandeau; bouquet garni, ognons, carotte, clous de girofle, et un peu de bouillon. On dégraisse, s'il est nécessaire, et après en avoir retiré la quantité nécessaire pour faire réchauffer le veau, on laisse tomber le reste en glace qu'on verse dessus la viande ; la sauce dessous.

### 181. Escalopes de veau

Coupez votre reste de veau en tranche de 6 à 7 centimètres de longueur, et de l'épaisseur d'une pièce de 10 centimes placez avec de l'huile d'olive sur un feu vif une casserole sur le fond de laquelle vous rangez autant d'escalopes qu'il peut en contenir faites les seulement saisir des deux côtés et substituez aux premières vos autres escalopes, jusqu'à ce quelles y aient toutes passé.

Ajoutez alors une cuillérée de chapelure, une de bouillon remettez les escalopes, saupoudrez de persil haché, diminuez le feu et laissez mijoter quelques instants ; au moment de servir ajoutez un jus de citron ou un verre d'eau-de-vie.

### 182. Veau frit

On peut aussi faire frire les tranches de veau et dans ce cas on les coupera plus épaisses que pour la blanquette.

On pourra les tremper dans une pâte ou simplement les tremper dans un œuf battu et les paner dans de la chapelure ou dans de la farine.

### 183. Veau à la pèlerine

S'il vous reste un bon morceau de veau lardé, faites le dorer de tous côtés dans de l'huile d'olive sur un feu vif, et qu'il ne soit que saisi, vous avez fait glacer de gros ognons dans du beurre et du sucre, quand ils ont pris couleur, ajoutez un peu de jus, un verre de bon vin rouge,des champignons et faites mijoter avec un peu de laurier et de sel. Lorsque les ognons et les champignons sont cuits, dégraissez, liez avec un peu de fécule, couvrez votre veau avec cette glace et servez avec les champignons et les ognons au tour de la viande.

### 184. Boulettes de veau

Hachez vos restes de veau que vous mêlez avec de la chair à saucisse ou avec du jambon et de la graisse de veau hachée, et agissez comme pour le hachis du bœuf.

### 185. Foie de veau à la poêle

S'il vous reste du foie de veau cuit la veille à la broche, coupez le en tranches un peu épaisses ; hachez persil et ciboules que vous mettez dans une poêle avec un morceau de beurre, ajoutez une cuillérée de farine, puis un demi verre de vin et du bouillon, sel, poivre, épices. Faites cuire pendant quelques minutes et mettez seulement réchauffer sans bouillir vos tranches de foie.

### 86. Foie de veau aux champignons

Agissez comme pour le bœuf au gratin (page 80) supprimez la chapelure, tenez la sauce un peu longue et comme votre foie aura subi déjà la cuisson, il faut ne le laisser sur le feu que pour réchauffer seulement les tranches.

**187. Foie de veau en beefsteaks**

S'il vous reste d'un foie à la broche, des parties rosées, peu cuites, faites en des tranches de 3 cent. dépaisseur passez-les dans une marinade. Sur une tranche mince de lard, disposez un lit de fines herbes, placez-y la tranche de foie que vous recouvrez de la même manière. Enveloppez chaque tranche d'un fort papier huilé ou beurré et ne laissez sur le gril que le temps nécessaire pour que les papillotes prennent couleur des deux côtés.

**188. Foie de veau à la marinière**

Faites un roux auquel vous ajoutez un verre de vin rouge et une égale quantité de bouillon. Mettez-y ognons entiers, carottes fendues en morceaux, champignons entiers, un peu de lard gras rapé, sel, et quelques épices. Lorsque vous avez fait cuire le tout à feu doux, dégraissez, retirez le laurier et faites réchauffer seulement dans cette sauce des tranches un peu épaisses de votre veau lardé, déjà cuit à la broche, servez sur cette sauce avec les légumes et champignons autour.

### 189. Foie de veau haché

Vous pouvez hacher votre foie avec du lard gras, persil, ail, cerfeuil; salez et poivrez, ajoutez, s'il vous est possible, un peu de moëlle de bœuf et faites cuire ce hachis sur un feu doux. Il demande a être fort assaisonné, bien nourri de graisse, mouillé de bouillon ou de jus. *(D'une digestion lourde).*

### 190. Autre foie de veau haché

Hachez quelques morceaux de veau, de porc frais ognon, gousse d'ail, persil ciboule, cerfeuil, ajoutez muscade, sel, poivre, lard et clou de girofle rapé, mêlé avec 125 g. de chair à saucisse et faites cuire dans une casserole, en ajoutant un peu de bouillon, si c'est nécessaire. Lorsque le tout est cuit, mêlez le avec votre foie haché, enveloppez dans une toilette que vous placez pendant quelques minutes dans une tourtière bien beurrée sur un feu doux avec four de campagne. Faites une sauce rousse avec du jus de la cuisson, et servez dans la tourtière.

### 191. Rognon de veau

Ce morceau est généralement du goût de tous les convives, et il est rare qu'il ne soit pas mangé en totalité, lorsqu'il a paru sur la table. Si cependant, par hasard, il en reste, vous pouvez en faire une excellente omelette. *(D'une digestion peu facile).*

### 192. Fraise de veau frite

La fraise de veau se mange le premier jour avec une sauce servie séparément. Les morceaux qui n'ont pas été mangés peuvent être trempés dans une pate à frire et frits à la poële.

### 193. Fraise de veau au beurre noir

Accommodez-la avec une sauce au beurre noir comme il est dit (*page* 61).

### 194. Tête de veau

Le plus ordinairement on fait réchauffer les parties restées d'une tête de veau dans le bouillon qui a servi à la cuire, en les accompagnant d'une sauce au vinaigre dans laquelle on met abondamment des fines herbes, des échalotes hachées et du gros poivre.

Vous pouvez aussi avoir recours aux diverses préparations ou sauces qui conserveront à vos restes de tête de veau une couleur blonde et éviter celles qui les exposeraient à se dessécher et à lui faire perdre sont moëlleux

### 195. Tête de veau frite

On fait réchauffer dans le bouillon de la cuisson les morceaux de la tête de veau pour leur rendre leur moëlleux. On les égoute bien, puis on les trempe dans une pâte un peu épaisse et bien assaisonnée, on les jette dans une friture bien chaude et on les sert avec du persil frit.

### 196. Tête de veau beurre noir

Après avoir préparé les restes comme ci-dessus, on les traite comme il est dit à l'article *Sauce* page 61.

### 197. Cervelle de veau

Si le premier jour elle n'a pas été frite vous pouvez tremper les morceaux qui vous restent dans une pâte et faire frire. *(On peut les employer dans des boulettes de hachis).*

### 198. Cervelles de veau en salade

S'il vous reste des cervelles que vous puissiez dégager a peu près de la sauce d'une première cuisson, dressez-les sur une salade de laitue, couronnez le plat avec des jaunes d'œufs et les cœurs de laitue et versez sur le tout une magnonnaise.

### 189. Ris de veau en fricassée de poulet

Comme cette partie de veau est toujours d'un prix très élevé, il est probable que si vous vous permettez cet extra, vous l'accommoderez comme un fricandeau et que vous ferez plat net le premier jour. Si cependant vous en aviez conservé une partie, vous pourrez faire une sauce poulette dans laquelle vous la mettez réchauffer.

### 200. Ris de veau en caisse

Passez au beurre avec du lard rapé, des champignons, fines herbes hachées, ajoutez sel, poivre, muscade, une cuillérée d'huile. Laissez refroidir.

Faites, avec du papier fort, une caisse que vous huilez intérieurement; mettez au fond de l'assaisonnement et un peu de chapelure, placez le morceau de ris qui vous reste avec l'assaisonnement ; recouvrez de chapelure. Faites prendre couleur au four de campagne. Si vous n'en avez pas, servez vous d'une pelle rouge.

### 201. Mou de veau

Si vous voulez utiliser le mou de veau qui vous aurait servi à faire du bouillon pour un malade, mettez dans une casserole un bon morceau de beurre avec sel, poivre, muscade, thym, ciboules, laurier, une cuillérée de farine, une cuillérée d'huile, ajoutez des champignons et des petits ognons, et pour éviter que le beurre ne roussisse, mouillez de bouillon; lorsque vous jugez que les champignons et les petits ognons sont presque cuits, ajoutez le mou coupé en petit morceaux. Lorsqu'ils sont réchauffés, liez la sauce avec un jaune d'œuf et ajoutez un filet de vignaire.

### 202. Mou de veau en matelote

Faites revenir du lard et des petits ognons, sel, poivre ; mettez une cuillérée de farine et faites roussir ; ajoutez vin et eau en quantités égales, un bouquet garni et quand le tout est cuit mettez-y le mou et faites jeter quelques bouillons; dégraissez

### 203. Queues de veau à la flamande

Coupez en quartiers un chou que vous avez fai blanchir, ficelez-le avec les morceaux de queues de veau et du petit lard avec sa couenne, mettez le tout dans du bouillon, avec un bouquet de fines herbes, sel, poivre.

Servez sur les choux et le petit lard. Si les queues de veau ont été très cuites le premier jour, faites les seulement réchauffer dans la cuisson du chou et du lard au moment de servir.

### 204. Oreilles de veau

Si après avoir fait cuire une tête de veau, vous en avez réservé les oreilles, vous festonnez les bords et vous renverser les bouts en arrière. Vous pouvez mettre une truffe dans chaque oreille.

Vous la servez sur une sauce aux truffes, sauce piquante, ravigote, une purée etc.

### 205. Oreilles frites

Fendez-les, garnissez-les ou non d'une farce, trempez ces morceaux dans un œuf battu, panez et faites frire. Servez en buisson avec persil frit.

### 206. Langue de veau

Si vous l'avez réservée vous pouvez la traiter comme la langue de bœuf, on la coupe en tranches minces et la faire réchauffer dans une sauce ou sur un ragoût de légumes.

### 207. Pieds de veau

On les trouve généralement tout cuits chez les marchands d'abats. Il faut cependant s'assurer s'ils le sont complètement, surtout si on doit les manger au naturel; servir chauds avec sel, gros poivre, vinaigre, fines herbes que vous mettez dans une saucière.

### 208. Frits

Faites les mariner et quand ils sont égouttés, trempez les dans la pâte à frire.

Vous pouvez les accommoder également à la poulette etc, etc.

### 209. Bouchées à la reine

Préparez et coupez comme pour des croquettes du veau rôti, des ris, des débris de volaille, faites une sauce un peu épaisse avec bouillon, farine, beurre et sel, dans laquelle vous mettez vos viandes dont vous remplissez des feuilletés chauds en patisserie, comme pour les petits patés, mais plus petits.

## MOUTON

### 210. Mouton

Cette viande durcit facilement, lorsqu'elle est réchauffée ; il faut donc éviter avec grand soin de laisser bouillir la préparation que vous lui faites subir le lendemain.

### 211. Gigot ou épaule

Coupez ce qui vous reste en tranches minces et faites réchauffer à feu doux dans le jus.

Vous pouvez également servir vos tranches dans une sauce aux tomates, blonde, sur une farce d'oseille ou de chicorée, sur une purée de pommes de terre, de haricots ou de lentilles.

### 212. Émincé de mouton

Coupez les restes de mouton rôti en tranches très-minces et de la dimension d'une pièce 5 fr. Faites un roux dans lequel vous versez du bouillon, et mettez-y réchauffer vos émincés.

### 213. Poitrine de mouton grillée

On ajoute fréquemment au pot au feu de la poitrine de mouton. Faites la égouter, passez-la à l'huile avec sel, poivre, persil et ciboules hachés ; panez, mettez sur le gril et servez sur une sauce piquante ou sur de la chicorée, de l'oseille, de la purée d'ognons ou sur une sauce tomate tartare, etc.

### 214. Hachis de mouton

Vous pouvez avec les restes de mouton rôti faire un hachis comme avec le bœuf ; vous le couronnez de croutons et d'œufs frits et vous servez sur une sauce blonde, aux tomates etc..

### 215. Haricot de mouton en hochepot

Faites prendre légèrement couleur aux morceaux de mouton qui vous restent. Faites un roux auquel vous ajoutez du bouillon, sel, poivre, bouquet garni, gousse d'ail. Passez au beurre dans la poële des navets, des pommes de terre ou des carottes; lorsque vos légumes sont bien dorés, mettez-les dans votre roux, achevez leur cuisson, dégraissez la sauce, retirez l'ail, le bouquet, et mettez votre mouton réchauffer un instant dans votre haricot.

### 216. Langues de mouton en papillotes

Préparez une farce avec champignons, fines herbes et lard haché fin que vous passez au beurre, avec sel et épices. Garnissez vos restes de langues avec cet assaisonnement et enveloppez-les de papier huilé. Faites griller à petit feu en arrosant d'un peu d'huile.

### 217. A la purée

Vous pouvez les faire réchauffer et les servir sur une purée quelconque ou même avec une sauce un peu relevée.

### 218. Queues de mouton grillées

On les pane ou les trempe dans de l'œuf battu et on les pane une seconde fois, puis on met à feu doux sur le gril en jetant dessus de temps en temps un peu de beurre fondu. Quand elles ont pris couleur, servez-les sur une sauce de haut goût : tartare, piquante, etc.

### 219. Frites

Après la seconde panure faites frire et servez avec du persil frit.

### 220. Pieds de mouton frits

Si vous les achetez cuits chez le marchand d'abats, assurez vous qu'ils le sont suffisamment cuits.

Ils se mangent à la poulette le premier jour, si vous vouliez continuer avec cette sauce, ayez soin de la réchauffer au bain marie; autrement otez autant que vous le pourrez la sauce refroidie qui entoure les pieds ; faites les ensuite mariner à chaud dans du court bouillon, avec vinaigre, sel, poivre, ail, laurier, clou de girofle. Faites égout ter, trempez-les dans une pâte et faites frire.

Si vous ne voulez pas faire de pâte, trempez vos pieds dans un œuf, roulez-les dans de la chapelure et faites frire, (*ne convient pas aux estomacs délicats.*)

### 221. Pieds de mouton au Fromage

Désossez des pieds de mouton cuits, fendez-les et Passez-les au beurre, avec champignons, ciboules, persil, ail, clous de girofle ; mouillez de bouillon, lorsque les champignons sont cuits, retirez les ingrédients, mettez les pieds dans votre préparation ajoutez un filet de vinaigre, faites réduire, saupoudrez de fromage rapé mêlé avec de la mie de pain et servez-vous du four de campagne pour faire prendre couleur.

## COCHON

### 222. Cochon

Toute chair de porc qui n'aura pas été marinée avant la cuisson devra l'être, s'il est possible, lorsqu'il s'agira de la manger le lendemain.

Servez vos restes avec une sauce froide bien relevée, ravigote, robert, ou réchauffés dans une purée de légumes, surtout celle de lentilles, ou sur une farce d'oseille ou de chicorée.

Toutes les préparations de viande de porc sont d'une digestion difficile.

### 223. Oreilles de cochon

Si vous n'accompagnez pas ce qui vous en reste d'une sauce ou d'une purée, faites-les frire en les traitant comme les oreilles de veau.

## VOLAILLE

### 224. Volaille

Si vous voulez faire simplement réchauffer vos restes, trempez les chairs dans de la graisse et mettez-les sur un feu très doux, arrosez d'un peu d'huile.

Servez sur une sauce de haut goût ou sur une purée.

### 225. Blanquette

Les restes de la volaille rôtie peuvent être accommodés en blanquette. (page 57).

### 622. Ragoût

Mettez dans une casserole des champignons avec fines herbes hachées, beurre et un peu de farine. Ajoutez vin blanc et lorsque les champignons sont cuits faites réchauffer dans cette sauce vos restes de volaille sans faire cuire.

### 227. Frite

On réserve ordinairement, pour les faire frire, les parties les moins tendres, les pilons dont on divise la viande, ou les chairs qui n'auraient pas paru assez cuites. Trempez dans une pâte de bonne consistance et jetez dans une friture bien chaude.

### 228. Croquettes de volaille

Elles se font comme celles de veau.

### 229. Salade ou magnonnaise

Hachez de la fourniture de salade, ajoutez des filets d'anchois ou de harengs saurs crus (*page* 74) des quartiers de laitue, des câpres, des ronds de cornichons, assaisonnez comme une salade et mêlez avec vos morceaux de volaille.

Dressez, en mettant autour du plat, les quartiers de laitue, mettez au-dessus des fleurs de capucine et tous les ingrédients qui ont été mêlés versez de plus le reste de l'assaisonnement. On peut y ajouter une magnonnaise.

### 230. Autre salade de volaille

Dressez vos restes de volaille froide que vous entremêlez de cœurs de laitues, d'œufs durs et de filets de carottes cuites, d'anchois et de fleurs de capucines et de câpres, versez dessus une ravigote froide.

### 231. Gâteau de riz et de volaille

Garnissez le fond d'un plat allant au feu d'une bonne couche de riz crevé épais et bien assaisonné; disposez dessus vos restes de volaille cuite à la broche ou en fricassée, recouvrez d'une couche de riz bien unie. Faites cuire doucement au four de campagne.

### 232. Croustades de volaille

Coupez des ronds de mie de pain de 3 ou 4 centimètres d'épaisseur. Enlevez avec précaution le milieu sans le briser de manière que chaque morceau de mie ne forme plus qu'un cylindre creux. Faites les frire dans du beurre ou dans de la friture neuve. Pendant qu'elles sont encore chaudes vous les remplissez d'un hachis de volaille et vous mettez par dessus des couvercles de mie de pain frits. On peut garnir les croussades avec la purée de volaille.

### 233. Purée de volaille

Hachez et pillez des chairs de volaille en ajoutant quelques cuillerées de béchamel. Vous en faites une pâte que vous mouillez au besoin avec de la crême ou du bouillon. On sert cette purée sur un plat foncé de croutons frits et l'on met par dessus des œufs pochés. On peut s'en servir pour garnir des croustades.

### 234. Sauce à la moutarde

Vous pouvez manger les membres d'un dindon froids ou réchauffés sur le gril avec moutarde huile et cornichons hachés.

### 235. Papillotes

Vous pouvez mettre les membres avec un farci en papillotes bien beurrées et faire réchauffer à feu doux, sur le gril.

### 236. Foie

Si vous ne l'écrasez pas dans quelque sauce, vous pouvez faire un farci de haut goût que vous mettez dans une caisse de papier huilée ou beurrée;

vous y mettez cuire le foie sur le gril avec feu doux.

### 237. Oie

Oie grillée; on peut réchauffer les membres en les trempant dans la graisse de la cuisson pour les paner ensuite, arrosez d'un peu d'huile et placez-les sur le gril.

Servez-les sur une purée d'ognons ou d'autres légumes ou avec des sauces relevées, à la tartare à la rémolade, etc. ou avec une magnonnaise.

### 238. Salmis

On peut aussi traiter les restes d'oie en salmis.

Ces mets ne conviennent qu'aux estomacs robustes.

### 239. Poule au riz

Soit que vous l'ayez mise dans votre pot au feu, soit que vous en ayez fait un bouillon faible mettez dans votre marmite un sachet ou une boule métallique a peu près remplie de riz, en laissant la place nécessaire pour que le riz puisse gonfler.

Comme votre poule aura perdu une partie de sa saveur, il sera nécessaire que le riz sur lequel vous la servirez soit bien assaisonné.

### 240. Aux petits ognons

Faites revenir dans du beurre de petits ognons, saupoudrez-les de sucre. Faites également roussir du lard coupé en dés. Ajoutez du bouillon et terminez la cuisson de votre poule. Servez sur un plat que vous couronnez avec les petits ognons entremêlés de ronds de citron, versez votre sauce sur le tout.

### 241. Poule en fricassée

Faites de votre poule cuite pour avoir son bouillon, une fricassée de poulet bien assaisonnée avec jus de citron, etc.

### 242. Avec sauce au kari

Une préparation propre à relever la fadeur de la poule cuite dans la marmite, c'est de la placer sur du riz que vous aurez préparé avec du kari. (*p.* 68).

## LAPIN

### 243. Lapin en papillotes

Désossez vos restes et faites-les mariner quelques instants faites égoutter, et roulez vos chairs dans une farce faite avec de la mie de pain, poivre sel, ciboule champignons hachés. Enveloppez dans une barde de lard et faites-en des papillotes que vous mettez sur le gril à feu doux.

Vous servez avec le papier — vous pouvez les accompagner d'une sauce.

### 244. Lapin frit

Faites mariner vos morceaux, égouttez, trempez-les dans une pâte bien assaisonnée et faites frire.

### 245. Lapin en hachis

Dépouillez les os, faites mariner les chairs et faites un hachis comme il a déjà été expliqué.

### 246. Lapin en blanquette

Voir *blanquette* page 57

On peut enfin servir les restes d'un lapin avec les diverses sauces, ou purées qui conviennent à une viande blanche.

# LIÈVRE

### 247. Lièvre

Si vous l'avez mis en civet, mangez le ainsi jusqu'au dernier morceau ; mais si vous avez fait rôtir le train de derrière, vous pouvez, le lendemain, en traiter les restes, avec une sauce aux *champignons*, en *salmis*, vous pouvez aussi en faire un *hachis.*

Hâchez vos restes de lièvre avec du jambon, un peu de veau, du lard gras ; épicez fortement avec les condiments habituels placez votre hachis dans un poélon foncé de bandes de lard gras, et ajoutez un verre d'eau-de-vie.

### 248. Lièvre aux choux

Vous pouvez aussi traiter les restes de lièvre comme une perdrix aux choux.

### 249. Croquettes de laperaux

Coupez en petit dés les restes d'un lapereau roti ainsi que de la graisse de veau, faites une sauce et procédez comme pour les croquettes de veau.

### 250. Perdrix

Je suppose que dans quelqu'occasion solennelle vous vous êtes permis ce gibier dont chaque annéele prix s'élève de manière que les fortunes modestes ne peuvent plus y atteindre. Il est probable que, comme plat de résistance, vous mettrez vos perdrix aux choux. Tâchez que l'assaisonnement dure aussi longtemps que le gibier, car lorsqu'il a été ainsi préparé, seul il n'offre plus qu'un manger assez insipide. Si au contraire vous l'avez fait rôtir, vous pouvez varier l'accommodement des restes.

### 251. Salmis

Voyez l'article *salmis* page 66.

## PERDRIX

### 252. Perdrix en salade

Faites cuire dans du bouillon ou du beurre, des champignons avec des échalotes, vous ajoutez du vinaigre et cornichons hachés, câpres, persil, gros poivre.

Vous placez vos morceaux de perdrix sur une salade de laitue avec œufs durs, filets de harengs-saurs crus et un peu d'huile. Arrosez également avec la sauce que vous avez préparée.

### 253. Perdrix aux croutons

Désossez vos morceaux, faites un roux que vous mouillez de vin blanc et de bouillon, en ajoutant un bouquet garni, sel et poivre ; faites réchauffer vos morceaux dans cette sauce et garnissez votre plat de croutons frits ou posez vos morceaux de perdrix sur des tranches de pain que vous avez fait rôtir dans le beurre et que vous disposez au fond de votre plat.

### 254. Perdrix à la purée

Vous pouvez aussi réchauffer vos restes dans des purées de lentilles, de pois verts, dans lesquelles on ajoute, si l'on veut, des croutons ou de petites chipolades.

### 255. Perdreaux au gratin

Sur le plat que vous devez servir mettez un morceau de beurre manié de chapelure, persil, échalotes, ciboules hachées, sel et poivre ; laissez gratiner, mettez les morceaux de perdreau que vous avez fait réchauffer dans du bouillon, ajoutez, s'il est nécessaire, sel, poivre, un filet de vinaigre, et au moment de servir saupoudrez de chapelure.

### 256. Perdreau à la chipolata

Faites un roux ; ajoutez du lard en dés auquel vous avez fait prendre couleur, mouillez avec du bouillon ou de l'eau, un verre de vin blanc, champignons, petits ognons que vous avez fait revenir, saucisses chipolata que vous aurez fait passer sur le gril, ajoutez des marrons grillés et bouquet garni ; quand votre assaisonnement est cuit, dégraissez, mettez vos restes de perdreau et quand ils sont chauds et que votre sauce est convenablement réduite, servez avec des croutons frits.

### 257. Bécasses, bécassines, coqs de bruyère, plumiers etc, en salmis

Les restes de ces gibiers s'accommodent très-bien en salmis (*voir page* 66) ou à la sauce aux champignons.

### 258. Aux olives

Faites un roux avec du bouillon ou du jus, jetez y des olives que vous avez fait blanchir et dont vous avez ôté les noyaux; faites jeter quelques bouillons, dressez vos morceaux avec les olives en cordon et arrosez avec votre sauce.

### 259. En poèlée

Faites revenir de la chair de saucisse et du lard, haché, enveloppez vos restes de gibier avec cette farce dans une toilette. Faites bouillir dans du bouillon et un verre de vin blanc, persil, ciboule, sel et poivre, petits ognons. Foncez une casserole avec une barde de lard, placez dessus vos restes de gibier, recouvrez d'une bande de lard et versez dessus votre sauce, couvrez hermétiquement et placez sur un feu doux. Dégraissez votre sauce, retirez les assaisonnements ; au moment de servir ajoutez un verre d'eau-de-vie et servez en entourant votre gibier farci de petits ognons les bardes de lard forment le fond du plat ; versez la sauce sur le tout.

### 260. Chevreuil en civet, en salmis, en émincé

Comme ce livre s'adresse aux gastronomes peu fortunés, nous aurions pu omettre ce gibier dont le cuissot, les cotelettes, l'échine sont des morceaux réservés aux tables opulentes ; mais si par hasard un cuissot de chevreuil s'est égaré chez vous et qu'ayant voulu faire durer le plaisir longtemps vous en ayez gardé pour le lendemain, faites en un civet, un salmis ou un émincé.

### 261. Chevreuil aux champignons

Vous pouvez accommoder des restes de chevreuil rôti comme le bœuf au gratin, mais sans chapelure et sans laisser réduire la sauce et gratiner.

### 262. Épaule de chevreuil farcie ou lardée

Comme cette partie du chevreuil se vend à des prix modérés, elle pourra figurer sur la table de mes lecteurs. Faites la mariner 2 jours au plus en ayant soin de la retourner.

Si vous en faites un *civet* mangez la toute entière sans en varier la préparation.

Vous pouvez faire désosser deux épaules, les farcir, les rouler et les ficeler, puis les faire cuire à la broche, ou à la casserole en les accompagnant d'une sauce blonde.

Au lieu de farcir, vous pouvez les larder de gros lard que vous auriez fait mariner et faire cuire à la broche.

## POISSON

### 263. Poisson

Il est peu de préparations qui puissent permettre de manger ce qui reste d'un plat de poisson.

Vous aurez à choisir d'après la nature du poisson et suivant la manière dont il aura été primitivement accommodé, entre une sauce ravigote ou une farce d'oseille.

Cependant pour les poissons très-charnus qu'on peut désosser ou dont les arêtes sont très-fines, on peut faire des boulettes qu'il faut bien nourrir de lard haché et de graisse de rognon, et les faire frire ou rôtir dans le beurre.

### 264. Anguille

S'il vous reste des tronçons d'anguille vous les roulerez dans la farine ou dans la chapelure fine et vous les mettrez dans une friture qui ne soit pas trop chaude.

### 265. Moules

La saison la plus favorable pour manger ce coquillage, est de septembre à avril. On devrait, par précaution, et pour éviter les accidents que provoquent quelque fois les moules, les faire dégorger pendant quelques heures dans de l'eau froide qu'on renouvelle.

L'eau que les moules rendent en cuisant peut servir à faire des potages aux légumes.

Si vous avez fait cuire plus de moules qu'il ne vous en faut pour un seul repas, voici les diverses manières dont vous pouvez accommoder celles qui vous restent.

### 266. Moules sauce au pauvre homme

Mettez dans une casserole un morceau de beurre, persil, ciboules hachés, un ognon, une cuillerée de farine que vous tournez dans le beurre, ajoutez de l'eau de moules, poivre, muscade. Passez, liez avec un jaune d'œuf et versez sur les moules. (*pages* 63 et 64).

---

### 267. Moules en vinaigrette

Assaisonnez-les comme il est dit pour le bouilli. P. 79 ).

### 268. Moules à la poulette

Faites cuire les moules au naturel, conservez une seule coquille, versez dessus une sauce poulette un peu épaisse.

### 269. Moules à la bechamel

Supprimez les deux écailles et faites-les chauffer dans une sauce bechamel. (*page* 64).

### 270. Moules frites

Supprimez les deux écailles et trempez-les dans une pâte à frire un peu légère. Faites frire, ce mets est très-délicat.

### 271. Moules au gratin

Faites-les ouvrir sur le feu, ôtez les deux coquilles. Sur un plat qui peut aller au feu étendez du beurre manié de farine, avec fines herbes, échalottes et champignons hachés fins ; salez, poivrez et saupoudrez de chapelure fine. Placez vos moules, versez un peu de beurre fondu sur la chapelure dont vous les aurez recouvertes ; mouillez avec de l'eau que les moules ont rendue et placez sous le four de campagne pour les gratiner.

### 272. Au fromage

Avant de placer sous le four de campagne, la préparation que nous avons indiquée, on peut saupoudrer de fromage rapé dont on aura mis une couche sous les moules.

### 273. Moules aux fines herbes

Supprimez les deux coquilles, faites-les sauter avec beurre, fines herbes hachées, poivre, sel, servez avec un jus de citron.

### 274. Moules à la marinière

Après les avoir fait ouvrir, conservez l'écaille inférieure. Mettez dans une casserole, ognons, tranches de carottes, gousses d'ail, thym, laurier, girofle, persil ; mettez l'eau des moules et un verre de vin blanc. Lorsque la sauce sera en ébulition, liez-la avec beurre manié de farine, ajoutez les moules pour achever leur cuisson.

### 275. Escargots

Pour les préparations culinaires il est bon de prendre des escargots adultes, ce qu'on reconnaît lorsque le péristôme (le bord de l'ouverture) est bien formé et peu friable.

Il faut, avant de les employer, les faire jeûner, puis les dégorger dans de l'eau acidulée.

Lorsqu'on les fait cuire pour les assaisonner directement, on les met dans l'eau avec des herbes aromatiques, mais comme nous ne nous occupons que des restes, nous supposerons qu'on a voulu faire pour un malade du bouillon d'escargots et qu'ils ont été cuits simplement à l'eau ; on peut, pour en relever la fadeur, les faire tremper quelque temps dans une marinade un peu relevée ; voici comment on pourra les utiliser.

### 276. Escargots au gratin

Comme ceux que nous devons préparer sont sans leur coquilles nous les traiterons comme les moules au gratin. (*page* 143).

### 277. Escargots en fricassée de poulet

Mettez dans une casserole, beurre, une pincée de farine, tandis que vous les tournez, mouillez avec du bouillon et un verre de vin blanc ; ajoutez sel, poivre, ciboule, bouquet de persil, thym, laurier ; faites bouillir et réduire. Retirez les ingrédients qui ne doivent pas être servis, liez avec un jaune d'œuf, ajoutez un peu de ketchup et de la muscade rapée, un jus de citron, selon le goût (*voyez page* 72.)

### 278. Escargots au beurre d'anchois

Conservez un nombre de coquilles égal au nombre des escargots que vous voulez préparer et faites-les essuyer, ôtez la partie qui termine l'escargot si cette opération n'a pas été faite avant de le faire bouillir. Faites un beurre d'anchois (*page* 52), dans lequel vous placez vos escargots que vous remettez dans leurs coquilles, bouchez les ouvertures avec du beurre ; rangez-les sur un plat un peu creux et appuyés l'un contre l'autre, mettez au four de campagne.

### 279. Escargots frits

Faites-les tremper dans une marinade bien relevée, et après les avoir laissé sécher, trempez-les dans une pâte dans laquelle vous aurez mis du rhum et de l'eau-de-vie et que vous aurez même un peu épicée. et faites-les frire.

### 280. Grenouilles

Traitez-les comme les escargots.

# LÉGUMES ET PLANTES POTAGÈRES

---

### 281. Pommes de terre

Aliment très-sain et nourrissant.

Si l'on vous a servi des pommes de terre en robe de chambre, vous pouvez utiliser par les préparations suivantes celles qui n'ont pas été mangées.

### 282. En potage

(Voyez page 76).

### 283. En boulettes

Lorsque les pommes de terre ont été réduites en purée, ajoutez des œufs ; délayez avec de la crême, fines herbes hachées, sel ; le tout étant bien mêlé en une pâte épaisse, vous en mettez de petites boulettes dans la friture bien chaude et vous les retirerez quand vous verrez vos petites boulettes renflées et dorées.

On peut mêler les pommes de terre écrasées avec des viandes hachées et en faire des boulettes ordinaires.

### 284. En salade

Coupez par tranches et assaisonnez comme une salade ordinaire avec fines herbes et cornichons; on peut ajouter quelques filets d'anchois ou de harengs-saurs crus. Quelques personnes substituent la crême à l'huile. Les pommes de terre absorbent beaucoup d'assaisonnement.

### 285. En gâteau

Mouillez à plusieurs reprises votre purée de lait; ajoutez selon votre goût du zest de citron ou de l'eau de fleur d'oranger, très peu de sel, sucre en poudre. Si vous mettez des jaunes d'œufs, vous ajoutez quelques blancs battus en neige. Beurrez un moule ou une casserole, et faites prendre couleur avec feu dessus et dessous.

Vous pouvez même disposer votre mélange dans un plat allant au feu, que vous mettez sous le four de campagne.

### 286. En purée

Ajoutez à vos pommes de terre écrasées du lait, du bon beurre, du sucre et faites jeter quelques bouillons.

### 287. Manières diverses

Vous pouvez en général traiter les pommes de terre à l'eau, à la maître d'hôtel, à l'anglaise, à la lyonnaise, à l'étuvée, à la sauce blanche, blonde, au lard. On peut aussi les couper par tranches et les faire frire.

### 288. Haricots verts en salade

Je n'apprendrai rien de nouveau à ceux qui me consulteront en leur disant qu'en mettant à part une partie des haricots verts cuits à l'eau, on peut ensuite les accommoder en salade.

Je leur conseillerai seulement, après les avoir bien fait égoutter, de les faire mariner dans le vinaigre avec sel et poivre et de n'ajouter l'huile et les fines herbes qu'au moment de servir.

### 289. Au beurre noir

Après les avoir fait bien égoutter, vous versez dessus le beurre que vous avez fait roussir, et comme pour la raie, vous faites chauffer dans la même poèle quelques cuillerées de vinaigre dont vous arrosez

*On sait qu'on fait des potages très-agréables avec l'eau dans laquelle ont cuit les haricots verts.*

*D'une digestion facile.*

### 290. Choux-fleurs

Le chou-fleur est d'une digestion facile lorsqu'il est bien cuit.

Les choux-fleurs étant b'adord cuits à l'eau, vous pouvez varier chaque jour la sauce qui doit les accompagner. Ils s'accommodent à la sauce blanche, blonde, aux tomates, à la crême, en salade, etc, etc.

### 291. Au jus

Il faut les faire revenir avec du lard ou de la graisse et un peu de farine ; ajoutez avec votre jus, un peu de bouillon, sel, poivre et muscade ; feu doux.

### 292. Frits

Pour subir cette préparation, il faut que la première cuisson n'ait pas été très-prolongée et que le légume ne soit pas en petits morceaux. Après que les choux-fleurs seront bien égouttés saupoudrez-les de sel et de poivre, après les avoir fait un peu mariner dans du vinaigre; égouttez-les de nouveau, trempez-les dans la pâte et faites frire.

### 293. Au fromage

Rapez du fromage de gruyère dans votre reste de sauce blanche, incorporez-le bien et trempez-y vos morceaux de choux-fleurs. Lorsqu'ils sont disposés sur un plat versez dessus ce que vous avez de sauce, recouvrez de fromage rapé sur lequel vous mettez de petites lames de beurre extrêmement minces, saupoudrez le tout de mie de pain très-fine ou de chapelure ; feu dessous et dessus, faites dorer.

### 294. Au Gratin

Même disposition que la précédente, vous omettez seulement le fromage.

### 295. Artichauts Frits

Si le premier jour, ils ont été servis avec une sauce séparée, vous pouvez le lendemain, ôter le foin, et les diviser par quartiers, en coupant l'extrémité des feuilles. Vous trempez les morceaux dans une pâte et les jetez dans de la friture bien chaude.

On peut supprimer entièrement les feuilles et ne faire frire que les fonds.

### 296. A l'huile

Hachez des fines herbes auxquelles, selon le goût, vous ajoutez des échalotes, écrasez dans du vinaigre deux jaunes d'œufs durcis, délayez le tout dans quelques cuillérées d'huile.

### 297. Farcis

Vous ôtez le foin de l'intérieur de vos artichauts, en ne laissant que les feuilles charnues. Vous en garnissez l'intérieur avec un hachis de chair à saucisses, de fines herbes et quelqu'autres viande, si vous en avez. Ajoutez même des champignons. Disposez vos artichauts dans une casserole et faites cuire doucement dans du beurre, sans les remuer. On peut aussi les mettre sur le gril.

Comme les artichauts, dans notre hypotèse, ont déjà subi la veille une cuisson à l'eau, vous pouvez, avant de les garnir, faire revenir votre hachis.

### 298. A la sauce

Si les artichauts ont été le premier jour servis à la sauce blanche, mettez-les le lendemain à la sauce blonde *et vice versa* en blanquette etc.

L'artichaut est assez nourrissant sans être lourd à l'estomac son action sur cet organe dépend essentiellement de la préparation à laquelle on le soumet.

### 299. Riz

Potage aux ognons (voir page 75).

### 300. Gateau de riz

Vous pouvez, en égouttant le riz qui vous est resté d'un potage au lait, en faire une masse épaisse à laquelle vous ajoutez quelques jaunes d'œufs dont vous avez battu les blancs en neige. Revêtez de beurre et de sucre pilé, l'intérieur d'un moule ou d'une casserole et faites cuire avec feu dessus et dessous.

Si votre potage n'avait été aromatisé ni par le zest de citron ni par la vanille, vous pouvez en mettre ou ajouter de l'eau de fleur d'oranger.

### 301. Croquettes de riz

Lorsque vous avez égoutté votre riz et fait les additions indiquées dans l'article précédent, vous en formez des boulettes que vous trempez dans des œufs battus et sucrés; panez-les exactement et faites frire.

### 302. Beignets de riz

Coupez par tranches peu épaisses ce qui vous reste du gateau, trempez les dans une pâte et faites frire. Le riz est nourrissant et d'une digestion facile.

### 303. Céleri

On n'emploie pour la salade que les cœurs et les feuilles blanches; si vous avez des racines de céleri qui seraient trop dures pour être mangées crues, vous pouvez les accommoder comme les cardons, après les avoir fait cuire à l'eau bouillante avec du sel et une cuillérée de farine pour les empêcher de noircir. Vous pouvez verser dessus sauce blanche ou blonde, ou les accommoder aussi au gratin à la poulette ou les faire frire.

### 304. Asperges

Si les asperges ont été servie avec une sauce blanche séparée, vous pouvez manger ce qui vous en reste à l'huile et au vinaigre.

### 305. Au jus

Vous accommodez les pointes d'asperges en les faisant sauter dans du lard gras ; ajoutez cerfeuil persil hachés ; sel, muscade ; faites réchauffer à petit feu dans du bouillon et ajoutez le jus que vous avez fait.

### 306. A la crème

Passez au beurre vos pointes d'asperges, en y ajoutant de la crème, du sucre et même un jaune d'œuf.

### 307. Aux œufs brouillés

Coupez en petits morceaux toute la partie mangeable des aperges; mettez dans une casserole ce qui vous reste de sauce blanche avec du beurre ; ajoutez des œufs que vous faites cuire en remuant toujours, et au dernier moment ajoutez les asperges.

Les asperges sont d'une digestion facile on leur

attribue une propriété diurétique. Quelques gouttes d'essence de térébenthine changent en odeur de violette celle fort désagréable que l'asperge donne aux urines.

### 308. Œufs à la neige

Si vous avez employé des jaunes d'œufs, conservez les blancs, battez-les en neige, ajoutez-y quelques cuillérées de crême ou de lait. Versez votre mélange dans un plat creux, bien beurré, ajoutez du sucre, un peu d'eau de fleur d'oranger et servez après avoir laissé refroidir. Si vous avez de la vanille, faites-en préalablement bouillir dans votre lait ou ajoutez un peu de zest de citron.

### 309. Brouillés

Vous pouvez utiliser un reste de sauce blanche en la mêlant a des œufs brouillés; ajoutez-y du fromage de gruyère rapé, si vous aimez cet assaisonnement.

### 310. Œufs aux pointes d'asperges

Lorsque vous faites cuire des asperges, vous en avez toujours quelques-unes dont les pointes sont brisées, recuillez-les avec l'écumoire, taillez aussi en petits morceaux les pointes des asperges trop minces pour être servies avec celles qu'on mangera à la sauce blanche. Réunissez tous ces débris, passez-les au beurre avec un bouquet de persil et faites un roux léger que vous laissez réduire, et auquel vous ajoutez du sel et un peu de sucre.

Lorsqu'il n'y a plus de sauce, disposez vos pointes d'asperges au fond du plat que vous devez servir ; cassez doucement vos œufs par dessus, assaisonnez de sel, poivre, et d'un peu de muscade, mettez votre plat sur le feu, faites rougir la pelle que vous passez dessus et servez sans avoir fait durcir les jaunes.

## 311. Tot-fait

S'il vous reste de la pâte pour friture que vous vouliez utiliser, délayez dedans des œufs, jaunes et blancs, et ajouter du lait, de manière que vous l'ayez à la consistance de bouillie ; aromatisez avec de la vanille, de l'eau de fleur d'oranger, du zest de citron, selon votre goût. Beurrez un vase à couvercle, et faites cuire dedans votre bouillie sur un feu ardent, et avec le four de campagne. Quelques minutes suffisent ; la pâte doit monter comme une omelette soufflée.

FIN

## DERNIERS CONSEILS AUX AMPHYTRIONS

### PAR OCCASION

---

Quelle que soit la médiocrité de votre fortune, il vous arrivera inévitablement de vouloir reconnaître par quelques dîners donnés à des amis, ceux que vous aurez acceptés chez eux, ou vous voudrez célébrer par une réunion d'intimes, une fête de famille, un anniversaire heureux. Malgré votre modeste position vous pouvez vous en tirer avec honneur, si vous suivez les quelques conseils que je vais vous donner, et si vous vous pénétrez de cette axiome d'un charmant professeur de gastronomie : « Convier quelqu'un, c'est se charger de son bonheur pendant tout le temps qu'il est sous notre toit. »

Et d'abord, apportez un grand soin et beaucoup de tact dans le choix de vos invités. Ne cédez pas au désir de vous acquitter à la fois, dans un même dîner des diverses obligations que vous aurez contractées, n'invitez jamais en même temps des personnes dont les caractères, les opinions, les manières sont mutuellement antipathiques. Malgré tout le savoir vivre dont vos convives sont susceptibles, ces dissonnances engendreraient de la contrainte et jetteraient un grand froid sur votre réunion.

Vos invitations ont donc été adressées à des convives animés d'une bienveillance mutuelle les uns pour les autres et qui aiment à se trouver ensemble, tout a été préparé par vous avec le désir, non de satisfaire votre vanité, mais en vous appliquant à flatter le goût de vos amis par un menu, dressé avec discernement et dont vous avez sévèrement surveillé l'exécution. Vous avez sagement compris que pour que le bien être soit complet, la vue et l'odorat de vos invités doivent être aussi l'objet de votre sollicitude et vous avez eu soin qu'un peu de mise en scène ajoutât au charme de la réunion.

L'heure approche, vous aurez éprouvé bien des petits embarras, vous aurez eu à subir bien des petites contrariétés, mais vos amis arrivent et les nuages qui obscurcissaient votre front, doivent s'évanouir et ne laisser aucune trace. C'est avec un regard bienveillant que vous leur serrez la main ; c'est avec un aimable sourire que la maîtresse de la maison leur offre la sienne. Tout doit leur faire présager une douce et cordiale hospitalité. Rappelez-vous que le convive dont la position est la plus modeste a le même droit à l'affabilité de ses hôtes que celui dont la position est la plus élevée. Traitez les tous de manière à faire disparaître entre eux toute inégalité de rang et de fortune.

L'exactitude est le devoir des convives, si l'un d'eux l'oublie, il manque de politesse envers tous les autres, et il m'a toujours paru absurde de mécontenter huit ou dix personnes, de compromettre la réussite d'un dîner, par égard pour un convive qui commence par en manquer. N'attendez donc pas un retardataire et lorsqu'à l'heure indiquée, votre domestique fera entendre cette phrase sacramentelle pleine de promesses de votre part et d'espérances pour vos amis: « Madame est servie. » donnez le signal de la marche vers la salle à manger. La porte s'ouvre et déjà la vue doit être agréablement frappée. Que les bougies et les lampes inondent la table d'une brillante clarté reflétée par l'argenterie, par les facettes du cristal des carafes et des verres, et par la blancheur éblouissante du linge ; que quelques vases de fleurs ajoutent à la gaité du coup d'œil et répandent une douce odeur, et sur les lèvres de vos invités, vous verrez se dessiner un sourire de satisfaction. Déjà séduits, c'est dans les dispositions les plus favorables qu'ils s'asseyent aux places que leur indiquent les bulletins déposés sur chaque assiette. Et c'est ici que vous aurez donné la mesure de votre tact, de votre intelligence. Vous connaissez la tournure d'esprit, le genre de conversation de vos convives, sachez donc les appareiller selon leurs tendances. Cependant ne craignez pas de placer près d'un vieillard aimable une très-jeune personne ; si elle est bien élevée, la conversation ne tarira pas et ils auront l'un pour l'autre mille petits soins, mille attentions délicates qu'animera une douce gaité.

A partir de ce moment que votre aimable enjouement provoque celui de vos convives dont chacun doit se croire chez soi et s'abandonner à une douce expansion. Votre dîner se composera d'un petit nombre de plats délicats et choisis de manière à flatter les goûts connus de vos invités qui, de temps en temps, raviveront leur appétit par quelques hors d'œuvre excitants et coquettement disposés.

Si l'un des mets parait obtenir une approbation plus marquée, allez au-devant du désir secret que révèlent quelques louanges plus accentuées et faites passer de nouveau l'assiette de service : mais en général n'insistez pas dans vos offres de tel plat qui, dans votre opinion, doit enlever tous les suffrages, ce ne serait plus savoir faire les honneurs de chez soi, ce serait de l'importunité.

Ne faites jamais vous-même l'éloge d'un plat qui vous semblera bien réussi ; attendez ceux de vos convives. La satisfaction que témoigneront les évolutions de leur fourchette, l'activité de leurs muscles mastoïdiens, l'épanouissement de leur physionomie sera votre légitime récompense et doit suffir à votre amour propre.

Ne laissez pas la conversation s'égarer dans des discussions politiques ou religieuses, elles font fuir la gaité, peuvent créer des irritations, ennuient les dames et sont anti-digestives.

Le choix des vins et des liqueurs est commis à vos soins ; Madame présidera à la confection du café, comme dans la soirée elle ne confiera à nul autre le soin de préparer le thé. Et si tous deux vous avez su profiter de mes avis et prendre en sérieuse considération le bien-être de vos convives, au moment de leur départ, des poignées de mains encore plus chaleureuses que celles de l'arrivée et l'aspect de physionomies animées et rayonnantes proclameront votre succès, leur bonheur et leur gratitude.

# APPENDICE

## CALENDRIER CULINAIRE

Ce calendrier est en quelque sorte le complément des conseils hygiéniques que nous avons donnés au commencement de ce petit ouvrage, et nous verrons que par ses productions successives la nature vient les confirmer.

### Janvier

*Viande de boucherie.* — bœuf, veau, mouton.

*Gibier.* — Sanglier, chevreuil, lièvre, faisan, coq de bruyère, sarcelles, oies sauvages, canards, bécasses, perdrix, gélinottes, alouettes.

*Poisson de mer.* — Esturgeon, turbot, saumon, raie, cabillauds, merlans, limandes, éperlans, crevettes, homards, huîtres.

*Poisson de rivière.* — La pêche est peu productive et l'époque du frai approche.

*Légumes.* — Champignons, choux-fleurs, cardon, céleri, épinards, salsifis.

*Fruits.* — Poires de Saint-Germain, martin sec, colmar, bergamotte de paques, bon chrétien. Pommes reinette blanche, apis, oranges, marrons.

## Février

*La viande de boucherie,* ainsi que dans le mois précédent doit figurer fréquemment sur votre table.

*Volaille.* — Vous en avez à votre disposition autant que le mois qui précède, mais c'est dans ce mois-ci quelle est généralement meilleure et plus grasse.

*Gibier.* — Comme en janvier.

*Poisson de mer.* — idem.

*Poisson de rivière.* — C'est l'époque du frai ; le poisson est maigre, sans chair, notamment la carpe, il vaut mieux s'en abstenir.

*Légumes.* — Les mêmes qu'en janvier. Au moyen des serres et des couches, les tables riches voient apparaître raves, radis, asperges et quelques salades.

*Fruits.* — Ils deviennent rares et chers.

## Mars

Époque de l'abstinence du carême. La viande de boucherie est moins abondante, mais la pêche en mer, en rivière et aux étangs fournit une grande variété de poissons.

*Poisson de mer.* — Barbeau, soles, carrelets, vives, homards, huîtres.

*Poisson de rivière.* — Barbeau, carpes, anguilles, perches, goujons, brêmes, écrevisses, huîtres.

*Légumes.* — Les mêmes que le mois précédent; l'oseille commence à paraître.

*Fruits.* — Ceux qui restent de la récolte précédente.

**Avril**

*Viande de boucherie.* — Bœuf, veau, mouton, agneau.

*Volaille.* — Poulardes, chapons, poulets gras, pigeons nouveaux, cannetons.

*Gibier.* — Levrauts, laperaux, perdrix, perdreaux, mauviettes, vanneaux, faisans.

*Poisson de mer.* — Les mêmes qu'en mars, plus le maquereau et l'alose.

*Poisson de rivière.* — Les mêmes qu'en mars.

*Légumes.* — Oseille, romaine, laitue, toute la verdure.

**Mai**

*Viande de boucherie.*

*Volaille.* — Moins abondante, excepté les pigeons qu'on voit en grande quantité sur les marchés.

*Gibier.* — Très-rare.

*Poisson de mer.* — Les marchés offrent une grande variété de poissons; maquereau alose, dorade, orphie, anguille de mer, etc. Les huîtres cessent d'être bonnes.

*Légumes.* — Verdure de toute espèce ; concombres, asperges, petits pois, carottes, navets.

*Fruits.* — Fraises, cerises précoces.

### Juin

*Viande de boucherie.* — Bœuf, veau, mouton.

*Volailles.* — Dindonneaux, coqs vierges, chapons, poulardes, pigeons.

*Poissons de mer.* — Toutes les espèces, morue fraiche.

*Poisson de rivière.* — Toutes les espèces, la truite.

*Légumes.* —Ceux du mois précédent et artichauts, haricots verts, fèves de marais.

*Fruits.* — Fraises, cerises, groseilles, amandes, melons.

### Juillet

Même *viande de boucherie.*

*Volaille.* — Comme le mois précédent.

*Gibier.* — Pour les localités où la chasse est ouverte, perdreaux, levrauts, cailles.

*Poisson de mer.* — Moules, maquereaux, soles, saumon, limandes, merlans, éperlans.

*Légumes.* — De toute espèce et en grande abondance.

*Fruits.* — Fraises, cerises, groseilles, prunes, abricots, cerneaux, melons, figues, poires d'épargne, cuisse madame.

### Août

Même *viande de boucherie*, mais la consommation doit en être plus restreinte, quelques personnes cessent de manger diverses parties du mouton.

*Volaille.* — Poulets, pigeons, canards.

*Gibier.* — Marcassins, cochon de lait et ceux du mois précédent.

*Légumes.* — Même variété, même abondance.

*Fruits.* — Les mêmes qu'en juin, puis le rousselet de Reims, bon chrétien d'été, angleterre, amandes, mures, raisin, pêches.

## Septembre

*Viande de boucherie.* — Les mêmes sortes.

*Volaille.* — Poulardes, chapons, poulets, pigeons, canards et cannetons.

*Gibier.* — Cheureuil, daim, lièvres, lapins de garenne, perdrix, cailles, bécassines, grives.

*Poisson de mer.* — Huîtres de toute espèce, raie, merlans, saumon, carrelets, éperlans, turbot, barbue, homards, crevettes, sardines fraîches, anchois, thon.

*Légumes.* — Comme le mois précédent. Les truffes commencent à venir.

*Fruits.* — De tout espèce; noix, marrons, pommes, chasselas.

## Octobre

*Viande de boucherie.* — Mouton de pré, salé.

*Volaille.* — Comme le mois précédent.

*Gibier.* — Comme le mois précédent, becfigues, ortolans, mauviettes, faisans, bécasses, outardes.

*Poisson de mer.* — De tous en abondance. Les harengs frais arrivent.

*Poisson de rivière.* — Carpe, brochet, anguille, écrevisse.

*Légumes.* — Céleri, cardons, épinards, derniers pois.

*Fruits.* — Messire-jean doré, verte-longue, mouille bouche, belle de Bruxelles, duchesse, beurré gris, doyenné blanc, gris, Saint-Michel, crassane, pommes, raisin, figues, chasselas. Fin des melons.

**Novembre**

*Viande de boucherie.*

*Volaille.* — Poulets, oies cannetons.

*Gibier.* — Comme précédemment, canards sauvages.

*Poisson de mer.* — Harengs, saumon, rouget, grondin, vives, maquereau, moules.

*Légumes.* — Chicorée, céleri, etc.

*Fruits.* — Saint-Germain, beurré d'Arembert ; pommes calville blanc, reinette franche de Canada, pigeonnet, apis.

**Décembre**

*Viande de boucherie.*

*Volaille.* — Les mêmes, ramiers, pluviers, vanneaux.

*Poisson de mer.* — Les mêmes.

*Poisson de rivière.* — Les mêmes, éperlans, vives, moules, turbot, etc.

*Légumes.* — On commence à avoir recours aux serres.

*Fruits.* — Ceux récoltés le mois précédent. Arrivée des oranges et des fruits secs d'Espagne et d'Italie.

## ARTICLE DE LA MAISON BOUSQUIN

PASSAGE VIVIENNE, 26, 28 ET 30, A PARIS

---

### Potages

*Tapioca* du Brésil. — *Sagou* blanc des Indes. — *Arrow-root* de la Jamaïque. — *Salep* de Perse.

*Pâtes* d'Italie et d'Auvergne, —macaroni, — vermicelle, — lazagnes, — nouilles, — côte céleri, — petites pates dessins variés, alphabétiques et chiffrées (L'invention de ce dernier article est due à la maison Bousquin).

*Semoules* d'Italie, d'Auvergne, — de riz, — de gruau, — d'avoine, — de maïs polenta.

*Farines diverses*, de marrons cuits, — id, vanillée pour crêmes et gâteaux,—de gruau, d'avoine et de blé,—de maïs, — d'orge perlé,—de Sarrasin.

*Farines de légumes* cuits; de pois, — de petits pois fins, — de lentilles, — de haricots, — de fèves de marais. (Les légumes ayant déjà subi une cuisson il suffit de jeter quelques cuillerées dans du bouillon ou de l'eau en ébullition pour avoir un potage

10

instantané. Elles servent aussi à épaissir une soupe à l'oseille et à en améliorer le goût).

*Riz*. Dépôt spécial de riz du Piémont. — *Cochina* ou riz de Touraine.

*Tapioca* à la crecy. — *Semoule* crecy. — *Riz* crecy. — *Riz* julienne. — *Gluten* granulé.

**Légumes secs**

Fabrique spéciale de *Julienne* conservée. — Pois d'Espagne dits *Garbenzos*. — *Champignons* ceps de Bordeaux. — *Artichauts, flageolets* verts. — *Haricots* verts par dessication.

*Tapioca-cacao* pour déjeûners ou pour crêmes et plats d'entremets. (D'une digestion facile. Il est tonique et nutritif; il convient aux estomacs délicats ou affaiblis et aux jeunes enfants).

*Jaham* ou thé de l'île de la Réunion. (Il a les propriétés toniques et digestives des thés chinois, sans en avoir l'action excitante et ne cause pas d'insomnie).

*Jus de légumes* concentré, dit suc colorant, pour sauces, bouillons, ragoûts et potages.

*Patisseries* sèches pour desserts, thés et soirées.

Spécialité de charcuterie italienne.

# TABLE DES MATIÈRES

FIN DE LA TABLE

Abbeville, imprimerie de P. Briez

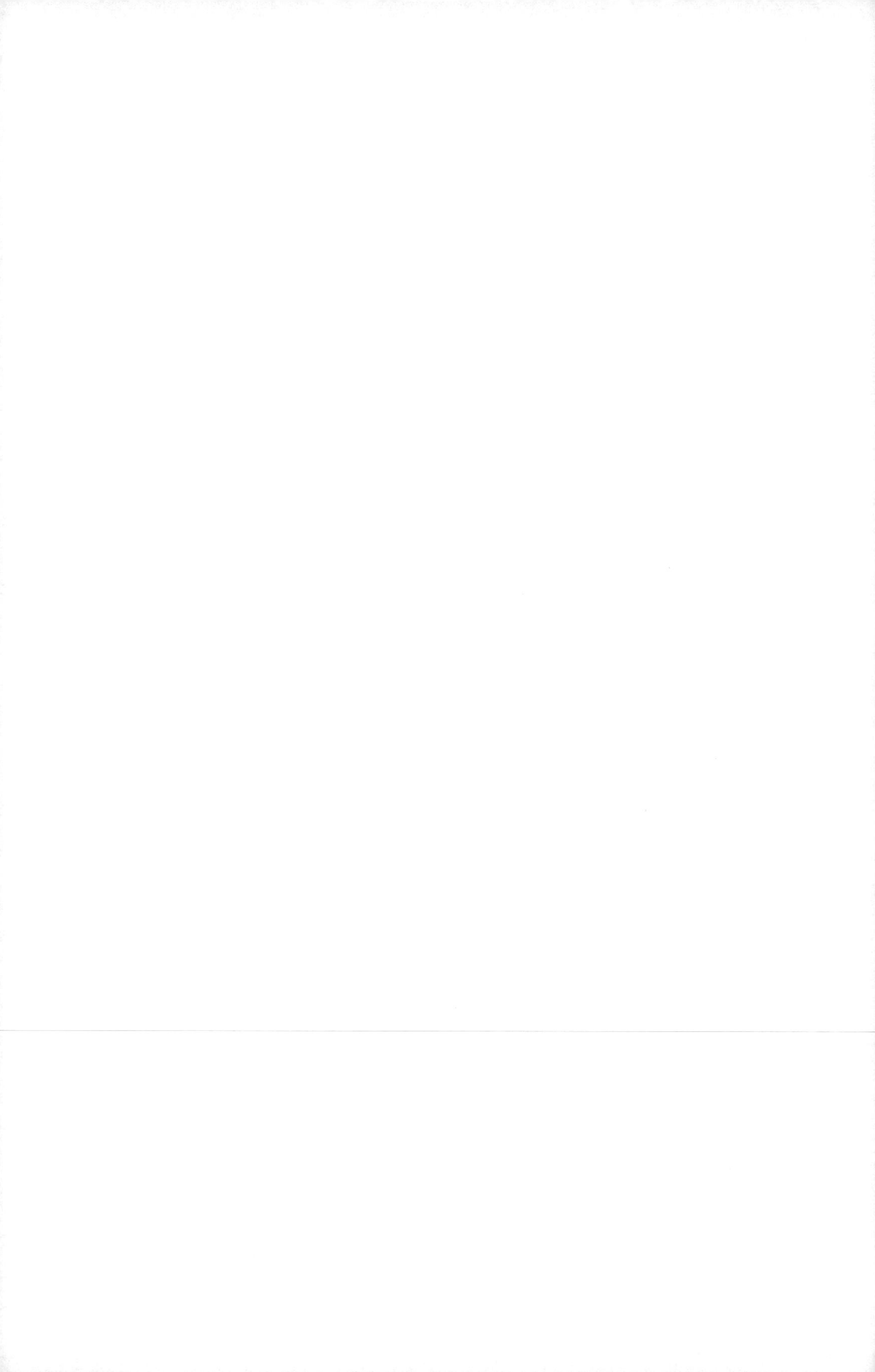

www.ingramcontent.com/pod-product-compliance
Ingram Content Group UK Ltd.
Pitfield, Milton Keynes, MK11 3LW, UK
UKHW012034240726
13965UKWH00002B/776

9 782013 060363